INTERPRETATIONSHILFE DEUTSCH

Robert Musil

Die Verwirrungen des Zöglings Törleß

Interpretiert von Gisela Wand

STARK

Bildnachweis
Umschlagbild: Szenenfoto aus dem Film „Der junge Törleß" von Volker Schlöndorff von 1966 © defd
S. 3, 5, 14, 18: Robert-Musil-Literatur-Museum Klagenfurt
S. 12: © Deutsches Literaturarchiv Marbach
S. 41, 65, 74: © cinetext
S. 51, 68: © Iko Freese/drama-berlin.de

ISBN 978-3-89449-972-3

D-85318 Freising · Postfach 1852 · Tel. (0 81 61) 1790
Auflage 2008

Inhalt

Autorin: Gisela Wand

Vorwort

Liebe Schülerin, lieber Schüler,

Robert Musils erster Roman *Die Verwirrungen des Zöglings Törleß* gilt als schwierige Lektüre. Es ist darin von seelischen Vorgängen die Rede, die sprachlich schwer zu fassen sind. Die Interpretationshilfe erleichtert Ihnen den Zugriff auf den gleichermaßen komplexen wie faszinierenden Roman und verhilft Ihnen zu einem genauen Textverständnis.

Nach einer Einführung in **Musils Biografie** und die Umstände, unter denen der *Törleß* entstand, erhalten Sie als Verständnisbasis eine **ausführliche Inhaltsangabe**. Informationen zur Gliederung, zur räumlichen und zeitlichen Anlage des Werkes und zur Rolle des Erzählers machen die **Struktur des Romans** transparent. Die beigefügte **Gliederungsübersicht** (S. 33) können Sie sich kopieren, um sich während der Lektüre daran zu orientieren.

Es folgt eine **Interpretation wichtiger Motive und thematischer Zusammenhänge**, die die Lebenskrise des jungen Törleß in ihren einzelnen Stufen nachzeichnet und dabei die Sprach- und Identitätsproblematik herausarbeitet. Die exemplarische **Analyse von drei Schlüsselstellen** erlaubt es, tiefer in den Mikrokosmos der Musil'schen Romanwelt und Sprache einzudringen. Die Ihnen an die Hand gegebenen Interpretationen konzentrieren sich auf den Text. Auf dieser textimmanenten Grundlage ergeben sich Bezüge zur Epoche um 1900 fast von selbst.

Ein kurzer Abriss zur **Wirkungsgeschichte** sowie ein ausführliches, kommentiertes **Literaturverzeichnis** komplettieren den Band.

Gisela Wand

Einführung

So wie *Die Leiden des jungen Werthers* von Johann Wolfgang Goethe und *Die Räuber* von Friedrich Schiller ist auch Robert Musils Roman *Die Verwirrungen des Zöglings Törleß* ein **Erstlingswerk**. Und ganz ähnlich wie *Die Räuber* und Goethes *Werther* schockiert auch Musils Erstling die bürgerliche Öffentlichkeit seiner Zeit. In allen drei Fällen entrüsten sich Zeitgenossen über eine neue Generation von Autoren, die entweder mit einem Selbstmörder *(Werther)* oder mit Gesetzesbrechern und Mördern *(Die Räuber)* sympathisieren oder sich nicht scheuen, Homosexualität, Gewalt und Erpressung in einem Knabeninternat der Oberschicht zum Thema zu machen *(Törleß)*. Musil nennt seinen Roman ein „Buch von großer Grausamkeit und Zartheit" (Werke II, S. 950), aber man sieht zunächst einseitig die Grausamkeit und den Tabubruch darin. Die ersten drei Verleger, die das Manuskript erhalten, lehnen ab: Der *Törleß* ist ihnen zu anstößig, zu heiß und dabei verdächtig wirklichkeitsnah, denn es sieht ganz so aus, als verunglimpfe der Autor darin Persönlichkeiten aus ersten Häusern des Landes und nehme die Eliteerziehung der Monarchie grundsätzlich aufs Korn. Als der Roman dann aber 1906 doch gedruckt vorliegt und Alfred Kerr, der angesehenste Literaturkritiker Berlins, sich mit allem Elan dafür einsetzt, ist Musil, 26 Jahre alt, mit einem Schlag berühmt. Kerr erkannte während der Lektüre des Manuskripts das enorme Talent dieses Autors, er war sich sicher, es hier mit der Stimme eines „eigengewachsenen" Kerls (Co., S. 259) zu tun zu haben.

Der Ruhm gibt Musils Leben eine neue Wendung. Wie im Falle des jungen Juristen Goethe und des Regimentsarztes Schiller steht auch dem jungen Ingenieur Musil eine akademische Karriere offen. Aber er entschließt sich nach dem Erfolg des *Törleß* – nicht anders als Schiller nach der Aufführung der *Räuber* – zu einem Leben als Schriftsteller. Er verzichtet damit auf eine angesehene und wirtschaftlich gesicherte Position in der Gesellschaft und wird 1942, halb vergessen, in Armut sterben.

Besonders Aufklärer, Theologen und Pädagogen hatten Front gegen den *Werther* und gegen die *Räuber* gemacht. Sie warfen beiden Werken vor, die Jugend zu verderben und Prinzipien einer vernünftigen Erziehung zu untergraben. Den *Törleß* treffen dieselben Vorwürfe. Musil wird sich dieser Verwandtschaft bewusst gewesen sein, denn die Wahl des Titels *Die Verwirrungen des Zöglings Törleß* klingt wie ein Echo auf *Die Leiden des jungen Werthers.*

Das Eigenartige ist jedes Mal der dann folgende Wandel der Perspektive und Rezeption: Die einst als amoralisch verworfenen Werke finden den Weg in die von höchster pädagogischer Stelle abgesegneten Bildungspläne der Schulen; in dem, was einmal als Machwerk verschrien war, entdeckt man das Meisterwerk, das man in den exklusiven Kreis der exemplarischen und verbindlichen Lektüren aufnimmt. Der beim ersten Blick vom Inhalt verprellte oder in seiner Neugier aufgestachelte Leser kann bei aufmerksamer Lektüre offensichtlich Interessanteres entdecken als das pure Skandalon. Ziel der Interpretationshilfe ist es, dazu beizutragen, dass dieses kleine Lesewunder abermals gelingt.

Biografischer Hintergrund

1 Robert Musils Leben und Werk

Robert Musil (1894)

Als Robert Musil am 6. November 1880 in Klagenfurt in der kaiserlich-königlichen Doppelmonarchie Österreich-Ungarn zur Welt kommt, können weder seine Eltern noch seine Verwandtschaft ahnen, dass aus diesem Kind einer der bedeutendsten europäischen Dichter des 20. Jahrhunderts werden würde. Literarische Begabungen waren bislang nicht in der Familie aufgetreten. Bis auf wenige Außenseiter besteht die mütterliche wie die väterliche Linie aus Männern, die Offiziere, Jäger und Reiter, Juristen, Mediziner, Ingenieure und hohe kaisertreue Beamte sind, und auch für den Nachwuchs ist an eine entsprechende Zukunft gedacht.

Der Junge wächst als Einzelkind auf. Rückblickend hält Musil in autobiografischen Skizzen von 1936 fest: „Die versenkte Phantasie des stillen Kindes, durchkreuzt von einer gewissen Anlage zum Geschichtenausdenken, ist meine gewesen" (Werke III, S. 942). Das Elternhaus ist patriotisch gesinnt, aber trotz des katholischen Umfeldes weltanschaulich liberal. Musil behandelt es als Formalität, sich 1911 evangelisch taufen zu lassen, um eine geschiedene Frau heiraten zu können. **Der Vater** Alfred Musil ist **Maschinenbauingenieur** und Spezialist für Motoren und beschließt seine Laufbahn als Professor und *Rector magnifi-*

cus der Deutschen Technischen Hochschule in Brünn. Er wird mit dem Hofratstitel ausgezeichnet und 1917 – ein Jahr vor dem Zusammenbruch der Monarchie – in den Adelsstand erhoben. Auch sein Nachkomme ist jetzt berechtigt, sich *Robert Edler von Musil* zu nennen. Von dem Adelstitel hat Musil nie Gebrauch gemacht, aber die dem Autor nahestehende Romanfigur Törleß ist, wie Reiting, Beineberg und Basini, ein *von* Törleß (vgl. Co., S. 229).

Nach dem Besuch der Volks- und dann der Realschule in Steyr und Brünn, den Wohnorten der Familie, wird der Zwölfjährige von zu Hause fort ins Internat gegeben. Er selbst ist einverstanden damit. Er schwärmt für Napoleon und will endlich lange Hosen tragen dürfen. Man schickt den Jungen auf die **Militär-Unterrealschule in Eisenstadt** im Burgenland und anschließend, weil die Zeugnisse gut sind, von 1894–1897 auf die Militär-Oberrealschule in Mährisch-Weißkirchen, dem heutigen Hranice in Tschechien, unweit von Teplitz gelegen und etwa eine Bahnstunde von Brünn entfernt. Der Vater kalkuliert, dass der Sohn auf diesem Bildungsweg mit 19½ Jahren Leutnant sein und finanziell auf eigenen Beinen stehen wird.

Die **Schule in Mährisch-Weißkirchen** ist anders als im *Törleß* nicht aus einer „frommen Stiftung“ hervorgegangen (S. 8), sondern sie wurde eigens zum Zweck der Heranbildung eines qualifizierten Nachwuchses 1856 als Militäreinrichtung erbaut: Eine ausgedehnte „Stadt“ neben der Stadt, eine ummauerte Anlage mit weitläufigen Lehrsaalgebäuden, Offizierswohnungen, Schlaf- und Speisesälen, mit Kasinos und eigenem Spital, mit Reitschulen und Tennisplatz, zwei Parks, Gemüsegarten, Kirche und Friedhof; im Zentrum der große Exerzierplatz. Prinzen und Erzherzöge besuchen diese Schule, aber es herrschen ein rauer Ton und eine eiserne Hierarchie mit gefährlichen Mutproben und Rangordnungskämpfen unter den Schülern; auch die Lehrer sind vor gelegentlichen Racheakten ihrer Zöglinge nicht sicher. Schülerselbstmorde kommen vor. Zartere Jungen halten es dort kaum aus; der Lyriker Rainer Maria Rilke verließ die Schule 1891 schon nach wenigen Monaten und verarbeitet seine Erfahrungen mit Mährisch-Weißkirchen in der Erzählung *Die Turnstunde* (1899). Musil hält durch. Dennoch spricht er rückblickend von „Kasernenjugend" (MoE, S. 44) und nennt in einer Notiz die Schule unverblümt das „A-Loch des Teufels" (Co., S. 118). In manchen Zügen erinnert die fürstlich-rigide Erziehungsanstalt Mährisch-Weißkirchen an die Karlsschule Schillers.

Robert Musil (1897)

Nach dem Schulabschluss setzt Musil seine Ausbildung an der **Technischen Militärakademie** in Wien fort, entdeckt beim Studium des Artilleriewesens seine technischen Fähigkeiten und bricht mit Billigung des Vaters die Offiziersausbildung ab, um bis 1901 Maschinenbau in Brünn zu studieren. Dennoch trägt er auch später „des Kaisers bunten Rock", also die Uniform des österreichischen Heeres, denn er wird weiterhin zu Reserveübungen eingezogen und stellt sich 1914 mit Ausbruch des Ersten Weltkriegs als Freiwilliger zur Verfügung.

Am *Törleß* beginnt Musil 1902 in **Stuttgart** zu schreiben. Er ist 22 Jahre alt, Leutnant der Reserve und Diplom-Ingenieur; seine Brünner Freundin, eine einfache Verkäuferin, ist mit ihm nach Stuttgart gegangen und man trifft sich täglich. Er macht ein Volontariat bei einem berühmten Professor, einer Kapazität auf dem Gebiet der Konstruktion und Sicherheitsüberprüfung von Dampfkesseln, und treibt viel **Sport**. Musil ist ein vorzüglicher Fechter, Tennisspieler, Schwimmer, Ruderer und *Byciclist,* d. h. er begeistert sich für das eben aufkommende Fahrrad und den

Radsport. Den Helden seines Romans *Der Mann ohne Eigenschaften*, Ulrich, lässt er sagen, dass der Reiz von Sport- und Kampferlebnissen darin liege, „daß man in einem kleinsten Zeitraum, mit einer im bürgerlichen Leben sonst nirgendwo vorkommenden Schnelligkeit und von kaum wahrnehmbaren Zeichen geleitet, so viele, verschiedene, kraftvolle und dennoch aufs genaueste einander zugeordnete Bewegungen ausführen muß, daß es ganz unmöglich wird, sie mit dem Bewußtsein zu beaufsichtigen" (MoE, S. 28). Er sucht im Sport „dieses Erlebnis der fast völligen Entrückung oder Durchbrechung der bewußten Person" (MoE, S. 29), das ihm, gesteigert und überreich, bald auch der Krieg bescheren wird. Außerdem liest Musil die Denker seiner Zeit, den Amerikaner Ralph Waldo Emerson, der ihn darin bestärkt, zukunftsoffen zu bleiben, Festlegungen zu meiden und „utopisch zu leben", und den Belgier Maurice Maeterlinck, dem er das Motto für den *Törleß* entnimmt. Den nachhaltigsten Einfluss auf ihn gewinnt aber der deutsche Philosoph Friedrich Nietzsche. Unter den Dichtern schätzt er besonders Fjodor Dostojewski mit seinem Roman *Schuld und Sühne* (Titel der Neuübersetzung: *Verbrechen und Strafe*), der die Psyche des jungen Studenten und Mörders Raskolnikow ausleuchtet.

Musil hatte erwartet, im **Techniker** den geistigen Pionier der Moderne zu finden, der die Welt und sich tiefer begriffe, als es früheren Jahrhunderten möglich war. Er bejaht die Genauigkeit in dieser Fachrichtung, die sich für ihn wohltuend von schöngeistiger Schwärmerei unterscheidet; er schätzt ihre Nüchternheit. Dennoch fragt er sich enttäuscht: „Warum sind ihre Anzüge so konstruiert wie die Anfänge des Automobils? Warum [...] sprechen sie selten von etwas anderem als ihrem Beruf; und wenn sie es doch tun, warum haben sie dann eine besondere, steife, beziehungslose, äußere Art zu sprechen, die nach innen nicht tiefer als bis zum Kehldeckel reicht?" (MoE, S. 38).

Er erlebt also, dass Gemüt, Geschmack und Selbstreflexion dieser Berufsgruppe altmodisch und hinter ihrem die Welt revolutionierenden Können zurückgeblieben sind, Fachverstand und Privatperson scheinen keinen Kontakt zueinander zu unterhalten. Musil erwägt, seine Beobachtungen zur menschlichen Seele und zum menschlichen Gehirn zu vertiefen und will daher experimentelle Psychologie und philosophische Logik studieren. Als Voraussetzung dafür muss er die alten Sprachen Latein und Griechisch nachlernen und das humanistische Abitur ablegen. Innerhalb von etwa eineinhalb Jahren bewältigt er dieses riesige Pensum. Dennoch hat er noch freie Kapazitäten für einen Roman.

1903 immatrikuliert sich Musil an der **Humboldt-Universität zu Berlin** und studiert dort auf Kosten des Vaters bis 1910. Seine Freundin kommt mit und findet in Berlin wieder eine Anstellung. Im Frühjahr 1905 ist der *Törleß* abgeschlossen und überarbeitet. 1906 kann er erscheinen. Im gleichen Jahr gelingt die Konstruktion eines Variationskreisels für Untersuchungen des Farbempfindens von Personen, des **Musilschen Farbkreisels**. In diese Zeit des literarischen und wissenschaftlichen Glanzes muss der Tod der Freundin gefallen sein. Es ist nicht ausgeschlossen, dass sie sich an Syphilis infiziert hat, an der Musil Jahre zuvor erkrankt, von der er aber nach ärztlichem Befund seit Jahren geheilt worden war (Co., S. 280 ff.). Schuldvorwürfe peinigen ihn. Offenbar hat er über seine Liebe, das Unglück seiner Freundin und seine Schuldgefühle nicht sprechen können und sie viele Jahre mit sich herumgetragen, bis er darüber schreiben konnte. Es entsteht die Novelle *Tonka*, eine der drei Erzählungen im Band *Drei Frauen*, der 1924 herauskommt.

Auch vor dem *Törleß* hatte Musil bereits kleine, aber anspruchsvolle literarische Werke geschrieben, und schon in Stuttgart entstehen in ihm vermutlich Vorstufen und Pläne zu dem, was einmal sein ganzes Leben aufbrauchen und auszehren wird, zum sich ins Monumentale auswachsenden Romanprojekt *Der Mann ohne Eigenschaften.* Das Studium in Berlin ist unter anderem motiviert von dem Gedanken, dass ein ungeübter Kopf keine bedeutenden poetischen Ideen hervorbringen könne (vgl. Berghahn, S. 48); er studiert um des Denktrainings willen, bereitet sich also offiziell auf eine wissenschaftliche, latent aber auf eine Existenz als Schriftsteller vor.

1908 hat Musil sein Rigorosum in Philosophie, Physik sowie Mathematik und promoviert über den Physiker und Philosophen Ernst Mach. Es ist sein **Anspruch**, mathematisch-naturwissenschaftliches und geisteswissenschaftliches Denken, **analytische Exaktheit und Poesie zusammenzuführen**; in einer solchen Aufgabe sieht er seinen Beitrag zur Moderne. Statt sich zu habilitieren und eine Dozentenstelle anzustreben, liefert er Beiträge für verschiedene Zeitschriften und wird ihr Mitarbeiter. In aufreibendem und fast verzweifeltem Schreibprozess entstehen nach dem *Törleß* zwei Erzählungen, die 1911 unter dem Titel *Vereinigungen* erscheinen. Die Leichtigkeit, mit der ihm der *Törleß* von der Hand ging, ist verloren gegangen. Da sein Einkommen unregelmäßig und gering ist, muss er, sich dem Wunsch des Vaters beugend, nun doch eine Stelle annehmen. Er wird 1910 Bibliothekar an der Technischen Hochschule Wiens. Aber 1913 hält er die Tätigkeit in diesem Brotberuf nicht mehr aus. Er geht zurück nach Berlin und übernimmt die Redaktion der angesehenen *Neuen Rundschau*, als im **August 1914** mit der **Mobilmachung** alle Lebenspläne ausgesetzt sind.

Musils Einheit wird nach Südtirol abkommandiert. Zeitweise ist er Herausgeber der Soldatenzeitung; nach langwieriger Erkrankung kehrt er in den Krieg zurück, wird dem Höchstkommando der Südwestfront in Bozen zugeteilt und steht in den schweren Kämpfen gegen Italien an der berüchtigten Isonzofront. Italien, eben noch Verbündeter, ist 1915 zu den Alliierten übergegangen und fordert von Österreich unter anderem Südtirol.

Musils **Verhältnis zum Krieg** ist den meisten jungen Menschen heute vermutlich nicht mehr verständlich, aber 1914 löste dieser Krieg so etwas wie einen Taumel aus Lebensgier und Todesrausch unter der Jugend aus und riss auch viele Intellektuelle und Schriftsteller – unter ihnen expressionistische Dichter wie Ernst Stadler, August Stramm, Alfred Wolfenstein oder Alfred Lichtenstein – mit sich; viele von ihnen fielen. Rückblickend nennt Musil den Krieg eine fünfjährige Sklaverei (vgl. Werke III, S. 527), aber er trifft die Anfangsstimmung, wenn er notiert: „Man kann den Krieg auf die Formel bringen: Man stirbt für seine Ideale, weil es sich nicht lohnt, dafür zu leben. Oder: Es ist als Idealist leichter zu sterben als zu leben" (Werke II S. 1342 f.). Ihren literarischen Niederschlag finden Momente höchster Anspannung und äußerster Klarheit während des Krieges in der winzigen Erzählung *Die Maus* und im zweiten Teil der großartigen Erzählung *Die Amsel.*[1] In beiden Erzählungen wird das Erkenntnis- und Wahrnehmungsproblem anschaulich und nacherlebbar, das zum ersten Mal im *Törleß* entfaltet ist und um das Musils Hauptwerk auf immer höher entwickeltem poetisch-sprachlichen Niveau kreisen wird.

1918 bricht der Vielvölkerstaat Österreich-Ungarn auseinander, Galizien ist verloren, Böhmen und Mähren lösen sich ab; Ungarn, Serbien und andere Teilstaaten der Doppelmonarchie werden selbstständige Staaten, **Österreich wird Republik**. Viele halten dieses Rest-Österreich mit dem Wasserkopf Wien nicht mehr für lebensfähig und befürworten – freilich aus anderer Interessenlage heraus als Hitler 1938 – den Zusammenschluss des Landes mit dem nun ebenfalls demokratisch regierten Deutschland. Musil, 1918 ins Kriegspressequartier, dann ins Archiv des Auswärtigen Amtes und schließlich ins **Staatsamt für Heereswesen in Wien** versetzt, hat in der letzten Dienststelle die delikate inoffizielle Aufgabe, subversiv den Anschluss Österreichs an Deutschland vorzubereiten. Seine Arbeit lässt ihn Interna und

Mechanismen der Macht durchschauen und bringt es mit sich, dass er die führenden Kreise Wiens gut kennenlernt und reichen Stoff für seinen Roman sammeln kann.

Trotz seiner konservativen Sozialisation, seiner Verehrung für Nietzsche und seines gegenwärtigen Postens **tendiert** Musil seit seinen jungen Jahren in Brünn **zum Sozialismus**, unterzeichnet 1918 das Programm des „Politischen Rates geistiger Arbeiter" zusammen mit einer Reihe linker deutscher Schriftsteller und verkehrt in ihren Kreisen. Aber er schließt sich keiner Partei an und hält manches am Auftritt der Revolutionäre und Konterrevolutionäre für expressionistische Hysterie. Wie sein alter Ego im *Mann ohne Eigenschaften* denkt auch Musil, „daß über kurz oder lang die Menschheit in irgendeiner Form sozialistisch organisiert sein wird [...]. Denn der Zustand, daß Millionen Menschen auf das roheste hinabgedrückt werden, damit tausende mit der Macht, die ihnen daraus erwächst, doch nichts Hohes anzufangen wissen, dieser Zustand ist nicht bloß ungerecht und verbrecherisch, sondern auch dumm, unzweckmäßig und selbstmörderisch" (MoE, S. 1455 f.). Im Tagebuchheft 33, geschrieben zwischen 1937 und 1941, fasst er rückblickend zusammen: „Zu meinem Verhältnis zur Politik gehört: Ich bin ein Unzufriedener. Die Unzufriedenheit mit dem Vaterland hat sich sanft ironisch niedergeschlagen im *Mann ohne Eigenschaften.* Ich bin aber auch von der Untauglichkeit des Kapitalismus oder des Bürgertums überzeugt, ohne daß ich mich je für seine politischen Gegner hätte entschieden. Gewiß darf der Geist unzufrieden mit der Politik sein, aber der Geist, der da keine Kompromisse versteht, wird ausgleichenden Männern als zu individualistisch erscheinen" (Werke III, S. 950). Als schärfste und knappste Kritik an geschlossenen Herrschaftssystemen und der Demütigung und Peinigung der sozial Schwachen liest sich die Parabel *Die Affeninsel.*[2]

Bis 1923 hat Musil ein festes Gehalt. Aber ähnlich wie er zuvor die erreichbare Dozentenstelle ausschlug, lehnt er jetzt das ihn ehrende Angebot einer Beamtenstelle im Rang eines Oberst ab. Worauf er sich einlässt, weiß er wohl: „Ein vom Publikum nicht favorisierter Schriftsteller hat das Einkommen eines Liftboys [...]" (Co. Bildband, S. 191). Dass es ihn noch vernichtender treffen würde, konnte er nicht voraussehen.

1911 hat Musil die Malerin **Martha Marcovaldi**, geb. Heimann, **geheiratet**. Sie ist einige Jahre älter als er, stammt aus einer wohlsituierten jüdischen Kaufmannsfamilie aus Berlin und hat aus ihrer zweiten Ehe mit einem Italiener zwei Kinder. Das Bündnis zwischen dieser Frau und Musil hält bis an sein Lebensende.

Musil wird besonders nach 1920 mit großen Literaturpreisen geehrt, als 1921 das Theaterstück *Die Schwärmer* und 1924, im gleichen Jahr wie *Drei Frauen, Vinzenz und die Freundin bedeutender Männer* herauskommen. Die Expressionisten hatten bereits 1911 die beiden Erzählungen des Bandes *Vereinigungen (Die Versuchung der heiligen Veronika* und *Die Vollendung der Liebe)* als ihr Manifest und Musil als „**Entdecker von Neu-Seeland**", von seelischem Neuland begrüßt, da seine Sprache in bisher unbenannte Gebiete des Bewusstseins führe.[3] Der Verleger Ernst Rowohlt, überzeugt von Musils dichterischem Format, entschließt sich 1923 dazu, das entstehende Romanprojekt **Der Mann ohne Eigenschaften** zu verlegen. Er wird auf eine harte Geduldsprobe gestellt, denn Musil verwirft, überschreibt, entwickelt neue Konzepte, erleidet Schreibhemmungen, aber er kann trotz des verlegerischen und des bedrohlich werdenden materiellen Drucks nicht anders, als mit radikalem Anspruch an sich selbst und kompromisslos weiterzuarbeiten. Die Inflation hat sein Vermögen vernichtet; er lebt von Vorschusszahlungen Rowohlts. Erst 1930/31 kommt – in 123 Kapiteln und über 600 Seiten stark – der erste Band des *Mannes ohne Eigenschaften* heraus. 1932/33 folgt der erste Teil von Band II mit 38 Kapiteln.

Die geistige Welt im In- und Ausland rühmt den *Mann ohne Eigenschaften* als Werk höchsten Ranges, als genialen Spiegel der Zeit vor dem Ersten Weltkrieg. Aber eine neue Epoche, die auf den nächsten Krieg zusteuert, hält die Zeitgenossen bereits in Atem; die Verkaufszahlen des *Mannes ohne Eigenschaften* bleiben enttäuschend. Musil notiert: „Ich wage von meinem Ruf (nicht von mir) zu behaupten, dass er der eines großen Dichters ist, der kleine Auflagen hat“ (Frisé in *Drei Frauen*, S. 90).

Mit dem **Beginn des Dritten Reiches** löst sich die kleine Berliner Musil-Gesellschaft auf, die den Dichter aus privaten Mitteln finanziell getragen hatte, um ihm die Weiterarbeit am Roman zu ermöglichen. Musil verlässt Berlin und geht mit seiner Frau nach Wien, weil er dort wenigstens eine Wohnung hat. Eine Wiener Musil-Gesellschaft gründet sich.

Robert Musil (1931)

Die Verlagsrechte an Musil hat Rowohlt dem Wiener Verlag Bermann-Fischer übertragen, weil es in Deutschland keinen Markt mehr für diesen Autor gibt. Fischer bringt den *Törleß* neu heraus, ringt dem Autor weitere 20 Kapitel zum *Mann ohne Eigenschaften* ab und druckt sie. Sie werden Musil als Korrekturfahnen zugesandt. Aber gleich nach dem **Anschluss Österreichs** im Frühjahr **1938** wird das jüdische Verlagshaus Bermann-Fischer von den Nationalsozialisten besetzt, sodass diese *Druckfahnenkapitel* als Buch nicht mehr erscheinen können. Ein Verlag in Zürich hatte Musil angeregt, seine bisher in Zeitschriften verstreuten frühen Erzählungen zu einem Band zusammenzustellen. Sie kommen 1936 unter dem vielsagenden Titel *Nachlass zu Lebzeiten* als letzte Publikation und als letztes Lebenszeichen heraus, das eine breitere Öffentlichkeit von Musil empfängt. **1938 verbieten die Nationalsozialisten Musils Bücher** in Deutschland – zu dem jetzt auch Österreich gehört –, sodass weitere Bemühungen um Verlagsverträge hinfällig werden und alle Einkünfte aus Verkauf und Neuauflagen wegbrechen. Von einer Reise zu Martha Musils Sohn in Italien kehrt das Ehepaar nicht mehr nach Wien zurück, da Martha als Jüdin dort nicht mehr sicher gewesen wäre. Sie bleiben in der Schweiz.

Musil konnte seine Abneigung gegen den Literaturbetrieb, gegen Vielschreiber, Mode- und Erfolgsschriftsteller mit ihrer permanenten Medienpräsenz nie verhehlen. Sein Urteil war streng; er hielt nicht viele Kontakte. Jetzt, in seinen letzten fünf Jahren, leidet er neben drückender Armut auch an Vereinsamung. Da seine Bücher nicht mehr zu bekommen sind, schwindet er aus dem Bewusstsein der Leser und empfindet sich selbst als überlebt. Ein gütiger Mensch, der Schweizer Pfarrer Robert Lejeune, vermittelt Lesungen, unterstützt aus eigenen Mitteln, sucht Gönner, verhilft dem Ehepaar zu neuen deutschen Pässen ohne J (für „Jude“) und den Zwangsnamen „Sara“ in Marthas Pass. Er verschafft ihnen eine **Wohnung** im Gartenhaus eines Mütter- und Säuglingsheims **in Genf**, in welcher der nun physisch und psychisch erschöpfte Dichter an seinem Hauptwerk weiterarbeitet. Er ist sich der Tragik seiner Situation bewusst und sagt einem Freund: „[...] erst auf den Tod warten zu müssen, um leben zu dürfen, ist doch ein recht ontologisches Kunststück“ (zitiert nach Frisé in *Drei Frauen*, S. 89).

Musil **stirbt am 15. April 1942** und hinterlässt ein gewaltiges unvollendetes literarisches Werk. Noch 1949 ist der Nachruhm nicht da, denn die Londoner *Times* stellt fest, dass Musil der „bedeutendste[n] deutschschreibende[n] Romancier dieser Jahrhunderthälfte“ und zugleich der „unbekannteste[n] Schriftsteller dieses Zeitalters“ sei (Co., S. 1343). Erst ab 1952 wird Musils Werk wiederentdeckt, als der Germanist und Musilforscher Adolf Frisé (1910–2003), abermals bei Rowohlt, eine dreibändige Gesamtausgabe herausbringt. Musil wird zum Geheimtipp der Intellektuellen der jungen Bundesrepublik. Viele haben den *Mann ohne Eigenschaften* nicht oder nicht zu Ende gelesen, aber die Ehrfurcht vor diesem Werk wächst beständig.

2 Zur Entstehung des Romans

Mit dem *Törleß* greift Musil auf seine Schulerfahrungen zurück; unverkennbar speist sich der Roman aus autobiografischen Quellen. Aber schon der Schauplatz, das „berühmte Konvikt zu W.", ist keine realistische und authentische Darstellung der Oberrealschule in Mährisch-Weißkirchen, sondern eine Fiktion, in die Erinnerungen an Eisenstadt und Mährisch-Weißkirchen eingegangen sind.

Der „Zöglings-Schlafsaal" der Militär-Oberrealschule in Mährisch-Weißkirchen, die Robert Musil besuchte und die als Vorbild für den Romanschauplatz diente

Gelegentlich wurde der *Törleß* als Lebensbeichte und Bekenntnisbuch angesehen, aber diese Intention lag Musil fern. Seine dichterische Fantasie nährt sich aus realen Erfahrungen, aber sie sind nicht sein Ziel. Der reife Musil betont: „Dichtung gibt Sinnbilder. Sie ist Sinngebung. Sie ist Ausdeutung des Lebens. Die Realität ist für sie nur Material" (Werke II, S. 970 f.). Das Cover, mit dem die 55. Taschenbuchauflage des *Törleß* im Rowohlt Verlag vorliegt, deutet etwas von dem eigenartigen Verhältnis zwischen Biografie und Roman an: Grundlage ist ein Jugendfoto des Autors, aber die grafische Verfremdung macht ein Kunstprodukt daraus.

In der Stuttgarter Zeit, im Herbst 1902, beginnt die Arbeit am *Törleß*. Musil berichtet: „[...] am späten Nachmittag, wenn ich mich nicht mehr aufnahmefähig fühlte, langweilte ich mich. So geschah es, daß ich etwas zu schreiben begann, u. der Stoff, der gleichsam fertig dalag, war eben der der V.d.Z.T." (Werke II, S. 954). Ungefähr ein Drittel, etwa 100 Seiten der auf 300 Seiten großzügig gedruckten Erstausgabe, bewältigt er in Stuttgart bis August 1903. Die übrigen zwei Drittel entstehen in Berlin, sodass auch noch Erkenntnisse der Gestaltpsychologie einfließen können. Anfang des Jahres 1905 ist der Roman vorläufig fertig. Da Musil nach dreimaligem Anlauf bei Verlagen drei Absagen erhalten hat, wendet er sich an den Berliner Kritiker Alfred Kerr. Er wählt Kerr aus, weil etwas, das er von ihm gelesen hat, sein „Zugehörigkeitsgefühl" geweckt habe (vgl. Werke III, S. 912). Kerr, in dessen Wohnung sich ungelesene, noch verschnürte Manuskriptpakete stapeln, öffnet Musils Paket, liest und ist hingerissen. Er wird Musils Mentor und Freund. Gemeinsam sollen sie noch einmal Satz für Satz den *Törleß* durchgegangen sein. Ein junger Verleger, Leiter des Wiener Verlags, der bereits Oscar Wilde und Arthur Schnitzlers Skandalerfolg *Der Reigen* im Programm hat, nimmt das Manuskript an. Im Herbst 1906 erscheint der *Törleß*. Im Dezember desselben Jahres steht Kerrs Kritik in der Zeitung mit nichts als Musils Namen als Überschrift: Kerr präsentiert der geistigen Welt ein Meisterwerk, er schenkt ihr einen jungen Dichter. Die öffentliche Beachtung ist überwältigend, denn die einen Kritiker schließen sich Kerrs hohem Lob an, die anderen zerreißen das Buch, sodass eine lebhafte Literaturdebatte aufkommt.

Musil hat den **Roman seiner Mutter gewidmet**. Mit dem **Motto von Maeterlinck** sagt er dem Lesepublikum, dass es ihm in erster Linie doch bitte nicht um Terror und Päderastie in einer Kadettenanstalt geht, sondern dass er einem Wahrnehmungsphänomen und einem Problem der Sprache auf der Spur ist. Der Maeterlinck-Satz ist also als Verständnisschlüssel beigegeben. Aber den Eltern ist das Produkt ihres Sohnes, über das die gute Gesellschaft um sie herum vermutlich tuschelt, höchst peinlich. Schließlich liegt es nahe, den Roman als **Schlüsselroman** zu lesen, in Törleß Professor Musils Sohn zu sehen und hinter den anderen Figuren Persönlichkeiten des Adels zu suchen. Tatsächlich hat der Musil-Forscher Karl Corino herausgefunden, wer jeweils das Modell für Beineberg, Reiting und Basini abgab, denn im Tagebuch nennt Musil die richtigen Namen, im Roman hat er sie nur leicht verfremdet, sodass er nicht einmal vor Ehrenbeleidigungsklagen und Duellforderungen sicher sein konnte. Im Brief erklärt er erschrocken, wie unangenehm es ihm sei, dass man real interpretiere, „weil gerade das Kompromittierende zum großen Teil erfunden" sei (Co., S. 268).

Der Prinz H. ist zweifellos „Seine kaiserliche Hoheit, der durchlauchtigste Erzherzog Heinrich von Toscana" – wie der volle Titel lautet –, der ebenso wie seine Brüder die Schule in Weißkirchen besuchte, sie aber knapp vor Musils Ankunft 1894 bereits verlassen hatte. Musil ist dem Prinzen Heinrich in Wirklichkeit nicht begegnet, aber er braucht diese Figur. Das Vorbild für Beineberg, ein Richard von Boineburg-Lengsfeld, und das Vorbild für Reiting, ein Jarto Reising von Reisinger, waren 1906, als der *Törleß* erschien, schon tot, aber ihre Familien hätten Musil belangen können. Boineburg starb, hochdekoriert, an den Folgen eines Kopfschusses, den ihm ein halsbrecherisches Manöver in Peking während des Boxeraufstandes eingetragen hatte, Reising erlag einer Lungentuberkulose. Auch Boineburg neigte wie Beineberg im Roman zur fernöstlichen Philosophie; körperlich war er überschlank und drahtig wie die Romanfigur. Reising muss wirklich seinen von der Mutter geschiedenen Vater als verschollen mystifiziert haben und der im Roman gezeigte Kameradenschinder gewesen sein. Zur Gestalt Basinis sind zwei Vorbilder verschmolzen: Der ungarische Mitschüler Hugo Hoinkes soll wegen eines Diebstahls eine Zeit lang von Klassenkameraden erpresst und dann aus der Anstalt entfernt worden sein, während der Mitschüler Franz Fabini die etwas femininen Züge hatte, die Musil Basini verliehen hat (vgl. Co. Bildband, S. 57 ff.). Das abstruse Treiben der Schüler blieb den Lehrern offensichtlich verborgen. Reising etwa galt ihnen als ernst, ehrliebend und strebsam, als kameradschaftlich, anständig und nett, Boineburg attestierten sie, „sehr artig" und „rein" zu sein (vgl. Co., S. 110 f.). Der **Name „Törleß"** ist erfunden. Man hält ihn für einen sprechenden Namen wie die anderen. So wie Beineberg auf die sehnigen Beine des Zöglings, Reiting auf Sexuelles anspielt und in Basini das lateinische *basium,* der Kuss, steckt, könnte Törleß mit dem im Roman wichtigen Symbol des Tores oder der Tür zusammenhängen und, verbunden mit der englischen Nachsilbe -less, „torlos" bedeuten.

Trotz zahlreicher Berührungen des Romans mit den realen Ereignissen lässt sich die **Kluft zwischen Musils Schulerlebnissen und ihrer Verwandlung in Literatur** leicht zeigen, wenn man etwa die biografischen Notizen über Mährisch-Weißkirchen mit der Darstellung der Schule im Törleß vergleicht. Musil erinnert sich: „Die Erziehung war, mit Ausnahme der Akademie, fast ganz unteroffiziersmäßig. Die Lehrgehilfen und der Klassenfeldwebel (und meine Opposition gegen ihn). Die Monturen und das Schuhwerk. Die bloß nicht passende Paradeuniform und die aller Beschreibung spottenden Schulmonturen. Ärger als Sträflinge. Die Waschgelegenheiten [...]. Die Abtritte [...] Meine Reinlichkeit heute noch eine Überkompensation?“ (Werke III, S. 936). Nichts von alledem, weder der Kasernenton noch die schlechten hygienischen Bedingungen oder Fragen der Kleidung oder Anflüge von Auflehnung spielen im *Törleß* eine Rolle. Wichtig unter den Bedingungen des Romans werden der Schlafsaal, der Klassenraum, der Park mit der alten Mauer und eine geheime Dachkammer, alle anderen Räumlichkeiten sind ausgespart. Die Lehrer reagieren als ratlose Pädagogen und nicht als Feldwebel. Tatsächlich verfolgt Musil im *Törleß* anderes als die Kritik an einer spartanischen Zuchtanstalt für Offiziersnachwuchs.

Titelblatt der Erstausgabe (1906)

Inhaltsangabe

Törleß, sechszehnjährig, bringt zusammen mit Freunden seine Eltern nach zwei Besuchstagen zurück zur Bahnstation. Er ist der Sohn des Hofrats Törleß, eines hohen österreichischen Beamten. Seit vier Jahren besucht er als Internatsschüler ein Militärkonvikt von bestem Ruf, in das die Oberschicht der Habsburger Doppelmonarchie ihre Söhne schickt. Die Schule liegt weit entfernt östlich von der Metropole bei der slawischen Provinzstadt W. Die Gegend zwischen dem außerhalb gelegenen Bahnhof und der kleinen Stadt ist einförmig und staubig. Es ist ein trister Spätnachmittag im Herbst.

Törleß selbst hatte den Wunsch, das Konvikt besuchen zu dürfen, aber jahrelang litt er an etwas, das er für Heimweh hielt. Er lebte mehr in seinen Briefen nach Hause als in der Gegenwart der Schule, bis er sich mit einem jungen Prinzen, dem Fürsten H., anfreundete, dessen in sich ruhende Persönlichkeit ihn, den geistig unruhigen Sohn eines freidenkenden Elternhauses, anzog wie eine Rarität. Doch dann attackierte er die religiösen Ansichten des Prinzen zu seinem eigenen Bedauern mit rationalen Argumenten. Die Freundschaft zerbrach. Nach dieser Episode schloss Törleß sich roheren, sich männlicher gebenden Jungen an, ohne wirklich zu ihnen zu gehören. Die beiden tonangebenden, sich in kaum verdeckter Konkurrenz messenden Freunde sind Baron Beineberg und v. Reiting; zu der kleinen Gruppe gehören außerdem noch Moté, Hofmeister und ein junger polnischer Graf, den sie mit seinem Spitznamen Dschjusch nennen. Alle gemeinsam waren mit Törleß am Bahnhof.

Der Heimweg von der Bahnstation führt über W. Bevor sie die Stadt erreichen, gehen sie durch Gassen, in denen einfache Arbeiter und Bauern wohnen. Törleß empfindet sie als aufregend animalisch. Sinnliche Fantasien beginnen sich in ihm zu regen (S. 22 f.). In W. kehren Törleß und Beineberg in einer Konditorei ein, während die anderen zum Abendessen ins Konvikt gehen. Törleß hört sich Beinebergs Lebenspläne und mystische Spekulationen an, beobachtet das abstoßend Exaltierte seiner Gestik und bemerkt einen Augenblick intensiver Stille draußen vor dem Fenster kurz bevor die Dunkelheit einfällt (S. 31). Er erinnert sich an ein ähnliches Erlebnis: Als kleiner Junge gab es eine Situation, in der er sich im Wald alleingelassen fühlte. Er hatte große Angst vor den plötzlich lebendig werdenden Bäumen und fühlte seine Einsamkeit. Beineberg kann er nicht recht mitteilen, wie sehr solche Augenblicke sein Inneres bewegen und was genau sie ihm bedeuten. Jedes Mal in solchen Situationen glaubt er sich ganz nah an die geheime Sprache der Dinge herangerückt, aber er kann sie nicht hören. Wie als kleines Kind damals fühlt er sich einsam. Das Bildungsangebot des Konvikts lässt ihn innerlich leer. Er leidet an einer umfassenden Langeweile und ist hungrig nach geistigen Herausforderungen und sinnlichen Erlebnissen, die er sich als etwas Eruptives und Raubtierhaftes vorstellt (S. 23).

Es ist nun ganz dunkel geworden und es regnet. Bevor Beineberg und Törleß den direkten Rückweg zum Konvikt nehmen, schlagen sie den Seitenweg in eine abseits gelegene Gegend ein. Sie überqueren eine wackelige Brücke, gehen unter Bäumen und durch Gebüsch am Fluss entlang und steuern das alte Badhaus an, das früher einmal ein Sanatorium war. Es ist ein mit der Zeit heruntergekommenes Gebäude mit einer verrufenen Kneipe im Erdgeschoss. Im ersten Stock wohnt die Prostituierte Božena, die die beiden Halbwüchsigen nicht das erste Mal besuchen. Eben hat ein betrunkener Freier sie grob beschimpft. Jetzt verspottet Božena die jungen Herren vom Konvikt. Sie kennt deren vornehme Welt und Doppelmoral. Törleß muss an seine Mutter denken, die für ihn bisher jenseits der Sphäre des Geschlechtlichen stand, die Božena für ihn verkörpert. Sie verwirrt und beschämt ihn mit ihren Reden und zieht ihn doch an (S. 36–49).

In letzter Zeit war manchen Konviktschülern, auch Reiting, Geld aus ihren abschließbaren Spinden, den sogenannten Spielläden, abhandengekommen. Kaum treffen Törleß und Beineberg an diesem Abend wieder im Konvikt ein, als Reiting ihnen zuflüstert, dass er den Spielladendieb gestellt habe; seine Andeutung weist auf den Mitschüler Basini. Genaueres soll im Geheimversteck der drei Freunde, in der Roten Kammer im verwinkelten hohen Dachboden der Schule, besprochen werden (S. 51). Reiting, der von einer abenteuerlichen Karriere träumt, gern intrigiert und es darauf anlegt, Macht über Menschen zu haben, offenbart den Freunden, wie er hinter Basinis Gelddiebstähle gekommen ist, ihn zum Geständnis gezwungen, ihn gedemütigt und sich unterworfen hat. Törleß ist erschüttert. Er hat sich den beiden um zwei Jahre älteren und frühreifen Freunden angeschlossen, weil sie nicht alltäglich sind und weil sie seine geistige Gewandtheit schätzen. Jetzt erschreckt ihn ihre Grausamkeit. Vor allem erschüttert ihn, dass ein Mitschüler, einer wie alle anderen aus gutem Haus, ein gemeiner Dieb sein und sich erniedrigen können soll. Ihn irritiert es, zu sehen, dass es offensichtlich hinter der Wohlanständigkeit und äußeren Unauffälligkeit der Menschen und der täglichen Abläufe ein damit nicht vereinbares anderes Leben gibt (S. 65). Törleß hat sein Dasein in der Schule bisher als eine Art Schwebe- und Wartezustand empfunden, als „Larvenzustand" und Stadium vor dem wirklichen Leben. Nichts konnte ihn bisher innerlich erreichen und tatsächlich berühren nach der Episode mit H. Plötzlich ist aber durch Basinis Diebstahl ein Faktum geschaffen, und er, Törleß, ist durch seine Mitwisserschaft jäh in eine Wirklichkeit und Verbindlichkeit hineingeraten, der er sich nicht mehr entziehen kann; er hat den Eindruck, als ginge ein Ruck durch sein Weltbild. Der Fall Basini wirbelt ihn psychisch und erotisch durcheinander und rüttelt an seinem Selbstverständnis und Weltbild.

Bis hierher erlebt der Leser das Geschehen eines Nachmittags und Abends, in das zwei Rückblenden eingelassen sind. Das sich an Basinis Entlarvung anschließende Geschehen vollzieht sich in wenigen Wochen vom Spätherbst bis zum ersten Schneefall. Ausgangspunkt für alles Weitere ist der Fall Basini. Im Mittelpunkt steht Törleß' innere Verwirrung und Entwicklung.

In einer Art Tribunal in Gegenwart der Freunde teilt Reiting Basini mit, dass man ihn nicht anzeigen wird, sofern er sich ihren Anordnungen unterwirft. Törleß fände es richtiger, wenn Basini der Schule verwiesen würde, sodass wieder geordnete Verhältnisse einzögen. Brieflich wendet er sich in dieser Sache an die Eltern (S. 72), aber ihre moderate Antwort ist nicht in seinem Sinne, weshalb es ihren Brief vernichtet. Er schwankt in der Beurteilung von Basinis Vergehen (S. 74).

Eines Nachts weckt Beineberg Törleß mit der Nachricht, dass Reiting sie hintergehe. Beineberg und Törleß schleichen in die geheime Dachkammer, und Törleß erfährt, dass Reiting Basini Geld gegeben hat, sodass dieser seine Schulden zurückzahlen konnte, dafür aber Reiting jetzt sexuell zu Willen sein muss (S. 76). Törleß, erregt und fast von Sinnen angesichts dieser Eröffnung, kann kaum folgen, als Beineberg ihm ausführlich unterbreitet, dass das neue Vergehen Basinis ihm die Macht gibt, ihn nach Belieben abstrafen, schlagen und quälen zu können. Ausführlich begründet er seine perversen Projekte mit indischer Spiritualität: Basini habe sich selbst entwürdigt; er habe das Recht auf Achtung eingebüßt; die Weltseele habe ihn zu einem gemeinen, wertlosen Wurm bestimmt, mit dem man machen könne, was man wolle. Er jedoch, zu Bedeutendem bestimmt, könne sich an diesem Objekt täglich stählen und üben (S. 74–86).

Als Törleß Tage später noch immer aufgewühlt durch den Park geht, sich an einer Mauer ins besonnte Gras legt und über

Beinebergs abwegige Weltanschauung nachdenkt, erlebt er, wie in einer unheimlichen Vision, den blauen Himmel über sich als unendlichen Abgrund. Der gewohnte Begriff „unendlich" offenbart sich ihm plötzlich in seiner gewaltigen Unbegreiflichkeit. Er denkt an andere Erlebnisse und auch an Basini und ahnt, dass das Wirkliche doppelsinnig sein und vom Vertrauten und Vernünftigen ins Unaussprechliche umschlagen kann. Er sucht den Punkt des Übergangs und Umschlags zwischen diesen Seinszuständen und findet sich am Ende nur noch selbst unter einem stummen, toten Himmel (S. 86–92).

Inzwischen haben sich Beineberg und Reiting über das weitere Vorgehen geeinigt. Törleß folgt ihnen am späten Abend des nächsten Tages in die Kammer und ist dabei, als Beineberg und Reiting Basini lustvoll auspeitschen. Er gerät in sexuelle Erregung und erlebt, so außer sich, abermals den visionären Durchbruch in eine fremde Welt (S. 100). Was die Freunde an ihm belächeln, erkennt er als eine Begabung. Ihm kommt es so vor, als besitze er einen zusätzlichen Sinn, den er ihnen voraushat (S. 92–102).

Der Unterricht, der Törleß bisher nichts geben konnte, wird spannend für ihn, seit in Mathematik die imaginären Zahlen behandelt werden. Törleß weiht Beineberg ein. Er spürt, dass imaginäre und irrationale Zahlen, das, was es real nicht gibt und was dennoch in Rechenoperationen zu nachprüfbaren Ergebnissen führt, mit dem zu tun haben könnte, was er sucht, mit der Brücke und dem Übergang zwischen den unterschiedlichen Erscheinungsweisen desselben Phänomens (S. 92–105). Er wagt es, den Mathematiklehrer um ein Gespräch zu bitten, und macht sich übertriebene Vorstellungen von der philosophischen Weisheit eines Lehrers, der mit solchen Denkabenteuern wie den imaginären Zahlen umzugehen versteht. Aber der Lehrer, ein ordentlicher Pädagoge, aber kein philosophischer Kopf, handhabt die imaginären Zahlen wie ein nötiges Werkzeug, ohne über das Fantastische ihres Wesens nachzudenken. Sie seien eine Denknotwendigkeit, damit solle sich Törleß vorerst begnügen, für differenziertere Erklärungen sei er noch zu jung. Er pocht auf die Autorität des Königsberger Philosophen Immanuel Kant, von dem ein ledergebundener Prachtband auf seinem Tisch liegt. Kant habe die Axiome des Denkens, das Denkbare und Undenkbare, erforscht, in seinem Werk sei alles Wissenswerte zu Törleß' Frage enthalten. Törleß verlässt den Lehrer enttäuscht und ist gleichzeitig entschlossen, sein bisheriges Leben zu revidieren. Er will sich nicht mehr einfach nur fügen, sondern die eigenen Fragen ernstzunehmen beginnen, und er begreift, dass er andere Neigungen als Beineberg und Reiting hat. Er kauft die Reclamausgabe des erwähnten Kant-Bandes, aber Kants Stil kommt ihm knöchern und wenig hilfreich vor. So muss er alleine weiterdenken und spricht abermals mit Beineberg darüber. Da aber Beineberg vermutet, Törleß suche wie er etwas Übersinnliches, Religiöses, braust Törleß auf und grenzt sich das erste Mal entschieden von diesem Kameraden ab (S. 117 f.). Er vermutet, dass im mathematischen Paradox der imaginären Zahlen vielleicht der Schlüssel zu den Rätseln liegt, die ihn beunruhigen. Aber die Rätsel und deren Lösung liegen für ihn im Raum des Natürlichen, also in der physischen statt in einer metaphysischen Welt.

Im Halbschlaf und dann im Traum defilieren in grotesker Winzigkeit seine Eltern, Beineberg, der Mathematiklehrer und sogar Kant an ihm vorbei. Als er verwundert erwacht, schmerzt ihn, seinem Problem rational nicht nähergekommen zu sein, zugleich fühlt er das warme Fluten seiner Haut und seines Körpers und eine körperlich-seelische, sinnliche Wahrnehmungsfähigkeit jenseits der Vernunft des Philosophen. Offensichtlich gehört diese sinnliche Feinfühligkeit oder Sensitivität zu ihm. In seinen Assoziationen taucht auch Basini auf (S. 118–124).

Fortan bleibt Basini in Törleß' Bewusstsein gegenwärtig und mit seinem Nachdenken und seiner Sinnlichkeit verknüpft. Er nimmt sich vor, sich schriftlich und rational über sich selber klar werden zu wollen. Dem zu solchem Zweck angelegten Heft gibt er den Titel „De natura hominum“ (Über die Natur des Menschen). Schreibend inspiriert ihn die Anwesenheit Basinis im Klassenraum. Sie versetzt ihn in einen fiebrigen Erregungs- und Ausnahmezustand, der seine geistige Empfindlichkeit steigert und in dem er Menschen plötzlich distanziert und wie Dinge sieht, anscheinend alltägliche Dinge ihn aber vielsagend ergreifen. Törleß ahnt, dass die Wirkung Boženas und Basinis auf ihn – ähnlich wie eine früheste Liebe, entzündet durch die Stimme einer unsichtbaren Sängerin – aus einem ähnlichen Seelengrund in ihm aufsteigen wie das Erschrecken angesichts des Himmels oder der Mauer im Park (S. 124–131). Er sucht das erotisierende, stimulierende Anschauen, nicht Besitz und körperlichen Vollzug. Die Worte, die Törleß für seine luziden Bewusstseinszustände findet, erscheinen ihm aber unzureichend und tot, und er gibt das Schreiben wieder auf. Manchmal macht er sich Vorwürfe, vor dem Kantstudium zu schnell kapituliert zu haben, aber er hört nicht auf, auf Augenblicke zu warten, die ihn abermals überfluten und ihn hinter den Augenschein der Dinge blicken lassen.

Es kommen viertägige Ferien, in denen nur wenige Schüler, unter ihnen Basini, nicht nach Hause fahren oder Besuch bekommen. Törleß schlägt eine Einladung für diese Zeit aus; er möchte im Internat bleiben, denn er weiß, dass auch Basini nicht wegfährt, und er will etwas ausprobieren. Er fixiert sich auf Basini, obgleich er nicht recht weiß, was er eigentlich erwartet und will. Als es ihn im Schlafraum unwillkürlich zu dessen Bett zieht, fasst Basini die Situation so auf, als wäre Beineberg oder Reiting gekommen. Er zieht sich routinemäßig etwas über, nimmt den Weg zur Bodenkammer und steht plötzlich nackt vor Törleß, der ihm gefolgt ist. Törleß ist sinnlich betört und ästhetisch tief berührt von der blendenden Schönheit des nackten Körpers und schämt sich zugleich. Er herrscht Basini an, sich wieder anzukleiden, unterzieht ihn einem peinlichen Verhör, will in allen Einzelheiten wissen, was die anderen mit ihm gemacht haben und vor allem, was er, Basini, bei all den ausgesucht sadistischen Erniedrigungen empfunden habe. Basini weint gequält und hilflos. Törleß hatte sich vorgestellt, dass Basini wie vernichtet unter der Ungeheuerlichkeit solchen Missbrauchs lebe. Aber Basini hat nur stumpf gehorcht und antwortet, dass Törleß in seiner Situation ebenso handeln würde. Törleß erfährt, dass sogar er keineswegs vor der Verfolgung Beinebergs und Reitings sicher sei. Er entdeckt, wie banal alles wird, wenn es geschieht, und wie ungeheuer groß es sich dagegen in der inneren Vorstellung ausgenommen hatte (S. 133–151).

Wieder in seinem Bett, scheint ihn das Erlebte schon fast nichts mehr anzugehen, als plötzlich Basini bei ihm ist und sich ihm anbietet. Törleß wehrt sich, gibt dann aber der Verführung nach und registriert zugleich entsetzt, dass das nicht er sein könne: Geschehen und Selbstbild klaffen auseinander (S. 151–153). Er verachtet Basini am Tag und empfindet doch eine Art Zärtlichkeit für ihn, Vorstellungen von ungeahnten Ausschweifungen und Scham wechseln sich in ihm ab. Aber die homosexuelle Beziehung zu Basini stellt sich als ein vorläufiges, uneigentliches Ziel und eine Verirrung seines Begehrens heraus; allmählich zieht er sich wieder von ihm zurück; Basini wird ihm gleichgültig.

Abermals treffen sich die Freunde in der Kammer, um über Basinis ferneres Schicksal zu entscheiden. Reiting schlägt vor, ihn als Stufe gesteigerter Züchtigung der Klasse auszuliefern. Er hat Freude daran, die Masse anzustiften; ihn interessiert die Psychologie der Masse, in der Individuen zu Handlungen bereit sind, die ihnen, jenseits der Gruppe, fernliegen. Beineberg knüpft an ein Gespräch mit Törleß über die irrationalen Zahlen an. Für ihn ist die irrationale Brücke zwischen Faktischem und nachweislich Rationalem die Seele. Im Experiment will er an Basini durch Hypnose demonstrieren, dass es überlegene Seelenkräfte gibt. Er will bewirken, dass sich Basinis Seele materialisiert. Törleß kommt das verstiegen vor, gleichzeitig lässt es ihn nicht kalt, zu erfahren, ob an Beinebergs Theorie etwas dran ist (S. 163–169).

Beinebergs Experiment scheitert: Basini kann in der Hypnose, in die Beineberg ihn glaubt versetzt zu haben, nicht, wie vorgesehen, die Schwerkraft überwinden, sondern stürzt schwer zu Boden. Beineberg hat sich lächerlich gemacht und peitscht Basini in besinnungsloser Wut aus. Törleß geht weg, da er merkt, dass es so nicht weitergehen kann.

Am nächsten Tag fleht der geschundene Basini Törleß um Hilfe an. Törleß, halb sich erbarmend und halb gegen den eigenen Willen, schlägt Basini eine Zusammenkunft in der Kammer vor. Er erläutert ihm dort, warum sein Interesse an ihm erloschen ist. Als Basini sich an ihn drängt und ihm seine Verletzungen zeigt, tritt überraschend Reiting hinzu. Reiting verspottet Törleß als ungeeigneten Beschützer. Törleß, im Gegenangriff, distanziert sich scharf von Reiting. Da er es gewagt hat, in Gegenwart Basinis zu sagen, dass beide Kameraden für ihn nichts anderes mehr als „widerwärtige tierische Narren“ seien, ist er sich gewiss, dass beide sich an ihm rächen werden (S. 179).

Die Drohung folgt umgehend. Sollte Törleß sich ihren Wünschen nicht fügen, so würden sie ihn als Mitschuldigen Basinis denunzieren und ihn zusammen mit ihm der Klasse ausliefern (S. 181). Törleß weiß, dass er in Gefahr ist, und hat Angst. Zugleich sehnt er sich wieder nach Ruhe und Frieden, nach den Eltern und nach Büchern. Ihm fällt ein, dass die Eltern ihm geraten haben, Basini dazu zu bewegen, sich selbst der Direktion zu stellen. Diesen Rat gibt er nun heimlich an Basini weiter.

Am nächsten Morgen beobachtet Törleß, wie Reiting und Beineberg die Klasse aufwiegeln. Am Nachmittag misshandelt die Klasse Basini zynisch und lustvoll. Am darauffolgenden Morgen aber greift der Schulleiter ein und macht dem bösen Spiel ein Ende. Verhöre der Schuldigen stehen bevor.

Törleß fühlt sich befreit und ruhig. Für ihn ist eine Epoche zu Ende. Er spürt, dass er dem Ausmaß der zurückliegenden Verwirrungen entwachsen ist. Bewusst, indem er sein Tagebuch noch einmal zur Hand nimmt, schließt er mit dieser Vergangenheit ab. Weil er aber befürchtet, sich auf keine Weise verständlich machen zu können, wenn man ihn nach den Motiven für seine Mittäterschaft befragt, flieht er aus dem Internat. Beineberg und Reiting haben ihn vor der Untersuchungskommission entlastet, sodass Törleß, mittlerweile gefunden, zurückgebracht und vor die Kommission gestellt, nur nach dem Grund für seine Flucht gefragt wird. Nach anfänglichem Schweigen steigert er sich in eine umfangreiche, selbstbewusste und leidenschaftliche Rede hinein, in der er alles, was ihn bewegt hat, von Basini bis zu den irrationalen Zahlen und der doppelten Perspektive auf die Dinge, in seinem inneren Zusammenhang erklären möchte. Deutungsangebote der Kommission weist er als unzutreffend zurück. Das Kollegium ist ratlos. Sie haben ihn nicht verstanden, empfehlen den Eltern aber, den überreizten jungen Mann fortan privat erziehen zu lassen. Auch Törleß hat den Wunsch, die Schule zu verlassen. Seine Mutter holt ihn ab. Sie fahren den vertrauten Weg vom Konvikt zum Bahnhof und passieren dabei auch die Wohngegend Boženas, die für Törleß nun keinerlei Bedeutung mehr hat.

Textanalyse und Interpretation

1 Struktur und Konzeption des Romans

Aufbau und zeitliche Gliederung

Musil hat davon abgesehen, den *Törleß* in fortlaufend nummerierte Kapitel einzuteilen, in den von ihm autorisierten Ausgaben (seit 1931) waren aber Erzählabschnitte durch drei Leerzeilen markiert, die die heutige Taschenbuchausgabe des Rowohlt Verlages wieder eingerichtet hat. Insgesamt ergeben sich 29 ungleich große Abschnitte.

Der Aufbau des *Törleß* ist **dreiteilig**. Wie bei einem Triptychon ist der große Mittelteil von zwei schmalen Teilen flankiert, die einen Rahmen bilden. Auch räumlich ergibt sich ein Rahmen und Ringschluss: Im räumlichen Zentrum befindet sich das Konvikt mit allem, was darin geschieht. Außerhalb liegen der Ort W., die Vorstadt mit Bauernhütten, das Badhaus und – ganz an der Peripherie – die Bahnstation: Von dort ist Törleß vor vier Jahren gekommen, dort hat er sich am Anfang des Romans von seinen Eltern verabschiedet, und dorthin biegt der Wagen ein, als er am Ende das Konvikt verlässt.

- Teil I (S. 7–49) könnte man unter dem Titel *Larvenexistenz* (S. 57) zusammenfassen.
- Teil II (S. 49–174) handelt von Törleß' *Kollision mit der Wirklichkeit.*
- Teil III (S. 174–200) führt zu *Abschluss und Bilanz* einer Entwicklung: er bringt Törleß' Distanzierung von den Freunden, seine Selbstklärung und seinen Abschied.

Der recht große erste Teil (Abschnitt 1–3: S. 7–49) hat ähnlich wie im Drama die Aufgabe der Exposition: die Einführung des

Schauplatzes und der Hauptfiguren. Er vollzieht sich in drei Stationen:

1. Bahnstation und Fußweg zurück zum Konvikt entlang einer staubigen Straße und vorbei an niedrigen Vorstadthütten nach W. (S. 7–23). Diesem Geschehen eingelagert ist ein Rückblick auf Törleß' erste Zeit im Konvikt, auf sein Heimweh, seine Briefe an die Eltern (S. 9–12), seine Freundschaft mit dem Prinzen H. (S. 12–14) und ein Erzählerkommentar zur geistigen Verfassung des jungen Törleß (S. 15–18).
2. Aufenthalt von Törleß und Beineberg in der Konditorei in W. (S. 23–35) mit den Wahrnehmungen des Törleß beim Blick durch das Fenster, der Erinnerung an ein frühes Verlassenheitsgefühl im Wald und mit Beinebergs Erläuterung seiner Pläne und Gedanken.
3. Der Umweg zum Badhaus: zu Božena (S. 35–49).

Der große Mittelteil des Romans (Abschnitt 4–23: S. 49–174) setzt schlagartig in dem Moment ein, in dem Beineberg und Törleß, eben ins Konvikt zurückgekehrt, von Reiting erfahren, dass er den Spielladendieb entlarvt habe. Basinis Diebstahl fährt in den ruhigen Fluss des Schulalltages hinein wie die unerhörte Begebenheit in die Novelle. Konspirative Zusammenkünfte, Verhöre, Misshandlungen, homosexueller Missbrauch und die homosexuelle Verirrung des Törleß entwickeln sich aus dieser unerhörten Begebenheit; man kann sie die **Basini-Handlung** nennen. Fünfmal ist darin **die verborgene Kammer im Dach** des Konvikts oder der Schlupfwinkel unter ihr Schauplatz des Geschehens (das sechste Mal ist es bereits Ausklang):

1. (in Abschnitt 4 ab S. 51–59): Reiting eröffnet Beineberg und Törleß Basinis Vergehen und seine Pläne.
2. (Abschnitt 7: S. 74–86): Beineberg teilt Törleß mit, dass Reiting sie hintergehe; er legt ihm die sich für ihn daraus ergebenden Möglichkeiten dar.
3. (Abschnitt 10: S. 95–102): Verhör und Misshandlung Basinis.

4. (Abschnitt 19 ab S. 139–151): Basini unterwirft sich Törleß. Danach in der Nacht homosexueller Verkehr im Schlafsaal.
5. (Abschnitt 23: S. 169–74): Beinebergs missglückendes Hypnose-Experiment, sein Jähzornausbruch und Törleß' Abkehr von den Freunden.

Das andere große Thema des Mittelteils, das in schwer zu bestimmender Weise mit der Basini-Handlung verbunden ist, kulminiert in Törleß' Frage nach dem Wesen der imaginären Zahlen und behandelt sein emotionales und intellektuelles Ringen mit dem Erlebnis eines Seins hinter dem Sein; man kann es **die geistig-seelischen Abenteuer des Törleß** nennen. Wesentlich gehören hierzu:

1. (Abschnitt 8, S. 86–93): Das Erlebnis des Himmels und der Mauer mit der Frage nach dem Begriff des Unendlichen.
2. (in Abschnitt 10, S. 98–100): Die Verwandlung eines Lichtscheins in ein Auge.
3. Die drei Gespräche über imaginäre Zahlen: mit Beineberg (Abschnitt 11: S. 102–105), mit seinem Mathematiklehrer, (Abschnitt 12: S. 105–110) und noch einmal mit Beineberg (Abschnitt 14: S. 113–118).
4. (Abschnitt 15: S. 118–124): Die Beobachtung eines Lichtvierecks im Schlafsaal und ein anschließender Traum.
5. (Abschnitt 16: S. 124–131): Ein Zustand der Inspiration im Klassensaal während der Tagebuch-Aufzeichnungen.

Manche Interpreten schlagen vor, den Mittelteil in vorangehende Kapitel zur „intellektuellen Verwirrung“ des Törleß und in anschließende Kapitel zu seiner „moralischen Verwirrung“ aufzuteilen (vgl. Großmann, S. 17). Eine solche Gliederung führt aber ein wenig in die Irre, denn Musil kommt es darauf an, zu zeigen, wie die sinnlich-erotisch-sexuellen und die geistig-sinnlich-intellektuellen Erschütterungen des Törleß auseinander entspringen und sich aufeinander beziehen. Mit der Enthüllung von Basinis Täterschaft (S. 65) endet für Törleß der Glaube an eine verlässliche Welt. Ein sublimer geistiger Zustand ist an die Anwesenheit Basinis geknüpft (S. 124 ff.); und die imaginären Zahlen, Basini und sogar Božena stehen in einem inneren Zusammenhang. Das Besondere und Außerordentliche des Romans ist gerade das Oszillieren zwischen Sinnlichkeit und Geistigkeit, zwischen den menschlichen Bereichen also, die häufig als einander entgegengesetzt aufgefasst werden. Der Titel „moralische Verwirrungen" legt zudem nahe, dass feststünde, was gut und was böse sei. Solch sicheres Wissen aber ist in Musils Augen fragwürdig. Mit besserem Recht könnte man von den sexuellen Verirrungen des Törleß sprechen.

Teil III kann man mit dem Ausklang nach allen Turbulenzen ab Seite 186 ansetzen (Großmann). Man kann den Schnitt aber auch dort sehen, wo Törleß mit Beineberg und Reiting bricht und weiß, dass alle Verwirrungen zum Abschluss gekommen sind (ab Abschnitt 24: S. 174) und er sich geändert hat: „Törleß war kalt, ein anderer." (S. 175) Im knapper gefassten Schluss sind Törleß' Flucht, seine „Einbringung" und seine Befragung durch die Lehrerkommission das Kernstück (Abschnitt 28 und 29: S. 188–197). Zum erweiterten Schluss gehört, wie Törleß sich aktiv aus den Verwirrungen wieder herauswickelt:

1. (Abschnitt 24: S. 174–179) indem er weiß, dass etwas zum Abschluss gekommen ist, Basini das letzte Mal in die Dachkammer bestellt (6. Szene in der Kammer), ihm seine veränderte Haltung begründet und, da Reiting dazwischentritt, sich scharf von Reiting und Beineberg distanziert,
2. (Abschnitt 25 und 26: S. 179–186) indem er angesichts der Drohungen der bisherigen Freunde Basini warnt. Auf dessen Preisgabe an die Klasse folgt die Intervention des Schulleiters.
3. Es schließen sich an: Törleß' Rückblick (Abschnitt 27: S. 186 –188), seine Flucht, „Einbringung" und Befragung durch die Lehrerkommission (Abschnitt 28: S. 188–197) und
4. (Abschnitt 29: S. 197–200): Bilanz und Abschied.

Die 29 Abschnitte in der Abfolge des Erzählens

1	Abschied von den Eltern und Rückweg ins Konvikt (S. 7–23)
2	Zwischenstation 1: Beineberg und Törleß in der Konditorei (S. 23–35)
3	Zwischenstation 2: bei Božena (S. 35–49)
4	Kammer I: Entdeckung des Spielladendiebs durch Reiting (S. 49–69)
5	Basini unter Kuratel (S. 69–70)
6	Charakterisierung Basinis; Törleß' Aufregung (S. 70–74)
7	Kammer II: Beineberg und Törleß: *Reiting betrügt uns* (S. 74–86)
8	Törleß und das Unendliche des Himmels (S. 86–93)
9	Reiting/Beinebergs Pläne mit Basini (S. 93–95)
10	Kammer III: Gericht über Basini (S. 95 –102)
11	Törleß: Erstes Aufmerken auf $\sqrt{-1}$ (S. 102–105)
12	Törleß beim Mathematiklehrer (S. 105–110)
13	Kant und neues Selbstbewusstsein des Törleß (S. 110–113)
14	Kant ad acta. Gespräch mit Beineberg (S. 113–118)
15	Törleß' Traum (S. 118–124)
16	Törleß ordnet seine Empfindungen: *De natura hominum* (S. 124–131)
17	Von Kant zu Eigenem (S. 131–133)
18	Kleine Ferien als Experiment (S. 133–136)
19	Kammer IV: Törleß befragt Basini (S. 136–151)
20	Basini in Törleß' Bett (S. 151–158)
21	Erzählereingriff: Törleß' Zukunft (S. 158–162)
22	Beschluss verschärfter Sanktionen gegen Basini (S. 163–169)
23	Kammer V: Beinebergs Hypnose-Experiment (S. 169–172)
24	Kammer VI: Törleß und Basini; hinzu Reiting (S. 172–179)
25	Törleß warnt Basini (S. 179–185)
26	Aufwiegelung der Klasse durch Reiting (S. 185–186)
27	Törleß schließt ab (S. 186–188)
28	Törleß' Rede vor der Kommission (S. 188–197)
29	Törleß' Abschied (S. 197–200)

Zum Aufbau des Romans gehört Musils **Behandlung der erzählten Zeit**. Von der Verabschiedung der Eltern am Bahnhof am Beginn bis zum Abschied des Törleß am Ende vergehen wenige Wochen zwischen Herbst und erstem Schneefall. Der Autor hat also aus den vier Jahren, die Törleß im Konvikt verbringt, einen entscheidenden Zeitraum ausgeschnitten. Es wird linear, entlang der Entwicklung der Ereignisse, erzählt, aber das Erzähltempo variiert: Manche Episoden sind gedehnt, andere verknappt; Zeitraffungen und Sprünge werden genau markiert.

Ganz besonders ausführlich behandelt der Erzähler den ersten Spätnachmittag und Abend: Die etwa drei Stunden zwischen vielleicht 16 Uhr (Abfahrt der Eltern) und 19 Uhr (Abendessenszeit im Konvikt) beanspruchen den ganzen ersten Teil von 42 Seiten (S. 7–49). Man erkennt daran, dass dieser besonders wichtig ist: Er hat ungefähr die Funktion einer musikalischen Ouvertüre, in der alle Motive vorgestellt werden, deren Durchführung im Mittelsatz stattfindet. Das Ende dagegen wird zügig abgewickelt, aber die Rede des Törleß vor der Kommission ist wie eine große ruhige Insel in dieses Tempo gestellt; offensichtlich kommt es dem Erzähler auf diese Szene besonders an.

Auffällig ist, dass fast jede Erzählsequenz mit einer Zeitangabe beginnt, wie z. B.: „Am nächsten Tage“ (S. 93), „Um dreiviertel elf Uhr“ (S. 95), „Noch am selben Tage“ (S. 105), „Den ganzen Rest des Tages“ (S. 110), „Es kamen zwei Feiertage“ (S. 133) usw. Bei Zeitsprüngen ist angegeben: „Während der nächsten Tage“ (S. 70), „Dies geschah einige Tage später“ (S. 163) usw.

Eine solche Erzählweise wirkt **chronikalisch**. Mit den regelmäßigen Zeitangaben erweckt der Erzähler den Eindruck, nichts anderes zu sein als ein sachlicher und gewissenhafter Chronist realer Ereignisse. Eine zeitlich gegliederte Welt hat etwas Übersichtliches, Objektives und scheint in Ordnung zu sein wie der Fahrplan der Züge (S. 7 f.) oder der vom Glockenschlag geregelte Schulalltag (S. 21). Aber jenseits der Zeit der Uhren erlebt Törleß

Augenblicke der Zeitlosigkeit, und im Raster der messbaren Zeit ereignet sich das innere Chaos im Gemüt der Hauptperson, sodass eine Spannung und Spaltung zwischen subjektiv-seelischer Verwirrung und objektiv-äußerer Intaktheit entsteht. Im Übrigen wird sich erweisen, dass die äußere Welt nur scheinbar intakt ist: Bereits der Zug am Beginn hat Verspätung.

Zeitlich besonders eng gegliedert und damit sehr ähnlich behandelt und hervorgehoben sind die Geschehnisse um die imaginären Zahlen und den Besuch beim Mathematiklehrer herum (S. 105–124) sowie das Geschehen zwischen Basini und Törleß während der vier freien Tage (S. 133–153). Sie sind aber nicht nur als zwei umfangreiche Erzählblöcke nah nebeneinander gestellt, sondern miteinander verzahnt: Törleß' Kant-Traum geht in körperliche Empfindungen und Gedanken an Basini über (S. 122 f.), und im Zustand sinnlich-geistiger Wachheit und mit Blick auf Basini schreibt Törleß in sein Heft (S. 124–131). In der Engführung dieser beiden Aspekte und Kapitel kulminiert die Erzählung wie in einem Doppelgipfel: Beides, das geistige Problem und Basini, geht Törleß unmittelbar und so sehr etwas an, wie nichts, was sich in den Jahren zuvor ereignet hat.

Der Erzähler

Das traditionelle lineare Erzählen zieht den Leser für gewöhnlich in den epischen Erzählfluss hinein und erweckt in ihm die Illusion, ein fiktives Geschehen wie etwas Wirkliches mitzuerleben, ohne viel darüber nachdenken zu müssen. Musil erlaubt sich, den **Erzählfluss zu unterbrechen** und in das epische Präteritum (das wie ein immerwährendes Präsens wirkt) **Rückblicke und Vorblicke** einzufügen, die Gegenwart der Handlung also für die Zeitdimensionen der Vergangenheit und der Zukunft zu öffnen. Ein in Erzählungen gebräuchlicher, hier aber besonders umfangreicher Rückblick ist in den ersten Teil eingelassen (S. 9–14). Der unkonventionell große Exkurs zum künftigen, erwachsenen Törleß schließt sich an die Geschehnisse während der vier schulfreien Tage an (S. 158–162): Mitten im Roman werden Betrachtungen zur Entwicklung eines Menschen angestellt.

Fast ungehörig erschien es lesenden Zeitgenossen am Beginn des 20. Jahrhunderts, dass ein Autor sich nicht mit dem Erzählen begnügt, sondern seinem Erzähler gestattet, durchweg **Reflexionen, Erläuterungen und Kommentare** einzuflechten, zu verallgemeinern und die Erlebnisse des Protagonisten im Wechsel von Distanz und Nähe zu begleiten und ihnen einen analytischen Hintergrund zu geben (etwa S. 41 f.). Es kam zudem die ziemlich aufgebrachte Frage auf, was denn wohl imaginäre Zahlen und überhaupt Mathematik in einem Roman zu suchen hätten. Es ist Musils Erzählkonzept, bildhaftes und begriffliches Sprechen, Erzähltes und Essayistisches, Sinnliches und Abstraktes, Poesie und Theorie ähnlich zu verbinden wie der von ihm geschätzte Romantiker, Bergbauingenieur und Dichter Novalis. Nicht gefühlvoll soll der Stil sein, sondern er soll sich aus dem inneren Zwiegespräch zwischen Empfinden und geschultem modernen Intellekt entwickeln.

Ein solches Erzählkonzept verlangt den souveränen, **auktorialen Erzähler**, der die Dinge überblickt und in manchen Erläuterungen gar nicht mehr der fiktionale Erzähler, sondern der Autor selbst zu sein scheint, der sich erläuternd zu Wort meldet (vgl. beispielsweise Erläuterung S. 32: „Die hohe Anspannung [...] hatte ...“, S. 33 f.: „Man könnte sagen ...“, S. 41 f.: „Das war nicht anders als bei jungen Leuten überhaupt ...“) und einmal sogar in die erste Person Singular wechselt und „Ich“ sagt (S. 10). Über hundertmal unterbrechen das Präsens der Interpretationen sowie Gleichnisse des Autors das epische Präteritum (vgl. Borsthaus, S. 110). Es entstehen **zwei Perspektiven**: Einerseits weiß der Autor-Erzähler, was aus dem Zögling geworden ist, er kennt ihn als erwachsenen Mann und erzählt also weit Zurückliegendes aus dessen Schulzeit, er fasst sachlich zusammen, achtet auf die zeitliche Orientierung des Lesers und organisiert den Stoff. Andererseits steht er neben dem unmittelbar erlebenden Jugendlichen, während die Dinge im Konvikt sich ereignen und während Törleß sich selbst häufig an Früheres zurückerinnert. Als fast väterlicher Freund springt er da erläuternd ein, wo Törleß keine Worte findet. Oder er gibt die Federführung an Törleß ab, sodass – neben dialogischen Szenen – große Passagen **Personenrede** (innerer Monolog und erlebte Rede) des Protagonisten sind.

Reine erlebte Rede findet sich beispielsweise auf Seite 77 unten. Nach dem Einleitungssatz des Erzählers „Törleß vermochte nichts zu denken“, drückt sich seine unmittelbare innere Erregung in der stockenden, elliptischen Sprache und der Fülle der Auslassungszeichen aus. Solche Partien kann man expressionistisch nennen. Der Übergang vom auktorialen Erzählen zu erlebter Rede ist nicht immer so klar zu erkennen wie etwa am Anfang:

> *Törleß seufzte unter diesen Gedanken [...]. Jetzt schon klang ihm das Glockenzeichen in den Ohren. Nichts fürchtete er nämlich so sehr wie dieses Glockenzeichen, das unwiderruflich das Ende des Tages bestimmte – wie ein brutaler Messerschnitt.*
>
> *Er erlebte ja nichts, und sein Leben dämmerte in steter Gleichgültigkeit dahin, aber dieses Glockenzeichen fügte dem auch noch den Hohn hinzu und ließ ihn in ohnmächtiger Wut über sich selbst, über sein Schicksal, über den begrabenen Tag erzittern.* (S. 21)

Der Text scheint auktorial zu beginnen; der Vergleich nach dem Gedankenstrich bildet den Übergang und scheint schon aus Törleß selbst zu kommen. Das „ja“ im Folgesatz, in dem sich seine Verzweiflung ausdrückt, ist Indiz für die Unmittelbarkeit der erlebten Rede. Es ist Musils Kunst, in Situationen intensiven und mystischen Erlebens wie im Gras an der Mauer (S. 87–93) oder im Klassensaal (S. 124–131) Erzählersprache, erlebte innere Rede und Nachdenken zu einer Synthese zusammenzuführen.

Man nennt diese im *Törleß* entwickelte Erzählweise auch **erzählten Monolog** und findet, dass Musil in seiner subtilen Handhabung dieses Stilmittels sogar Schriftsteller wie Arthur Schnitzler oder James Joyce übertroffen habe (vgl. WdF, Stopp, S. 241).

Vorhaben und Thematik Musils

Die Verwirrungen des Zöglings Törleß ist ein Schul- und Internatsroman, ein Roman über die krisenreiche Zeit der Pubertät in der geschlossenen Welt des Knabeninternats. Geschildert wird der Nährboden, auf dem der autoritäre Charakter gedeiht. Aber mit allen drei Bestimmungen des *Törleß* als Schul- und Erziehungsroman, als psychologische Studie zur Pubertät und als Sozialkritik war Musil wenig glücklich. Er fühlte sich missverstanden, wenn Psychologen und reformerische Pädagogen in ihm einen Bundesgenossen gefunden zu haben glaubten und erinnert sich 1930: „Ich war sehr erstaunt deshalb u. unfreundlich, ja ich fühlte mich beinahe beleidigt“ (Werke II, S. 947). Er räumt jetzt zwar ein: „Ich weiß heute, dass ich damals wirklich etwas beschrieben habe, das sich im Laufe der Zeit als typisch herausstellte“, dennoch sei ihm das „völlig nebensächlich“ gewesen (Werke II, S. 947). 1938 charakterisiert er *Die Verwirrungen des Zöglings Törleß* dann „als Durchbruch einer neuen Erziehungsauffassung, gleichzeitig die Kämpfe der Pubertät mit neuen psychologischen Mitteln durchleuchtend“ (Werke II, S. 950). Die Psychologie, der er folgt, um neue Wege der Seelenkunde zu suchen, ist aber die damals noch recht unbekannte **Gestaltpsychologie** und nicht die nach der Jahrhundertwende unglaublich populär gewordene Psychoanalyse Sigmund Freuds, die seitdem die Literatur beeinflusst. Gerade 1905, parallel zur Entstehung des *Törleß*, waren in Wien Freuds *Drei Abhandlungen zur Sexualtheorie* erschienen, aber Musil kannte Freud zu jener Zeit noch nicht. Freud erklärt den Menschen aus seiner Libido, vor allem aus seinem Geschlechtstrieb, und findet in vielen Dingen eine sexuelle Symbolik. Für Musil dagegen ist auch die

Sexualität ein Symbol, das geistige Prozesse einschließt (vgl. Neubauer, S. 120).

Dass der *Törleß* ebenso eine **politische Dimension** hat, sieht Musil erst angesichts des in Europa aufziehenden Faschismus. Der Biograf Karl Corino kommentiert: „Ein klassisches Beispiel dafür, wie bestimmte Romanfiguren und ihr Kontext klüger waren als ihr Autor“ (Co., 254 f.). Festzuhalten ist dennoch, dass Musil den Stoff als zufällig und austauschbar ansah. Es ging ihm nicht darum, Päderastie oder Homosexualität zu beschreiben, sondern er bedient sich dieses Themas, weil der Schauplatz es nahelegt: Statt Basini hätte auch eine Frau Objekt und Opfer sein können (vgl. Erläuterungen, S. 76). Sein Interesse gilt ebenso wenig dem Erziehungswesen in Österreich, sondern der Form, in der Törleß Erfahrungen macht. Ferner konzentriert sich sein Buch nicht auf die „Pubertätspsychologie wie viele andere, es ist symbolisch, es illustriert eine Idee“ (vgl. Erläuterungen, S. 75). Aber die Idee ist an Sexualität und Sinnlichkeit gebunden. Musil zeichnet im *Törleß* die **Geschichte einer Ichfindung** auf: Sein Grundthema ist **die „Gründung eines Selbstbewusstseins**“ (Minder, S. 85) und das erkenntnistheoretische Problem, das in Sprache zu fassen, was sich der Logik des Denkens und fertiger Begrifflichkeit entzieht. Das sind seelisch-moralische Prozesse, und es ist das sexuelle Begehren des jungen Törleß. Darum ist Törleß die Hauptfigur des Romans und die einzige Person, die sich entwickelt. Alle anderen Figuren sind funktional auf ihn bezogen, bleiben in sich statisch und entwickeln sich nicht. Sie bilden ein Beziehungsnetz, in dem sich Törleß verfängt, in dem er Erfahrungen über sich und die Gesellschaft, ihre Normen und ihre Verdrängungen, über Eros, Sexualität und Wirklichkeit sammelt und das er am Ende zerreißen kann. Zu charakterisieren ist also die Figurenkonstellation um Törleß herum und vor allem Törleß selbst. Der symbolische Gehalt des *Törleß* wird sich während der Interpretation der Sprache Musils erschließen.

2 Die Figurenkonstellation

Im Zentrum des Geschehens stehen die jugendlichen Schüler des Militärkonvikts in W. Sie handeln anscheinend autark (auf sich gestellt). Von den **Eltern**, von Hofrat Törleß und seiner Gemahlin, hat Törleß sich am Bahnhof gelöst. Der Kontakt zu Vater und Mutter ist für Törleß nun auf Briefe beschränkt, bis am Ende die Mutter ihren Sohn abholen wird. Törleß hat den Eindruck, dass die Elternbriefe seine geistige und wohl auch hormonelle Situation verfehlen; er fühlt sich nicht verstanden; einen Brief zerreißt er aus Unwillen darüber (S. 73). Dennoch reißt der innere Kontakt zu ihnen nicht ab. Als er Basini am Ende warnt, beherzigt er einen elterlichen Rat (S. 183 f.).

Eine noch geringere Rolle als die Eltern spielen die **Lehrer**. Sie tun ihre Arbeit ohne zu bemerken, welche Exzesse sich hinter ihrem Rücken abspielen. Die Adoleszenzprobleme und in den Mauern des Konvikts sich „stauenden" sexuellen Fantasien ihrer Zöglinge ignorieren sie (S. 161). Der Autor mokiert sich über ihre Moral und ihre Ignoranz. Die Schüler können diese Lehrer in ihrer „ehrbar verkümmerten Erscheinung" als Vorbilder und Identifikationsfiguren nicht ernst nehmen; die Lehrer schauen auf ihre Schüler „mit Augen, die hinter ihren Brillen harmlos wie Schäfchen weideten, als sei das Leben nichts als ein Feld voll Blumen ernster Erbaulichkeit" (ebd.). Als Törleß von sich aus das Gespräch mit dem Mathematiklehrer sucht, erlebt er eine Enttäuschung. In ihrer pädagogischen Verantwortung treten die Lehrer erst am Schluss, aufgescheucht durch Basinis Selbstanzeige, auf den Plan und berufen eine Kommission zur Untersuchung der Vorfälle ein, die aus dem Schulleiter, dem Klassenlehrer, dem Religionslehrer und dem Mathematiklehrer besteht; aber weder durchschauen sie Beineberg und Reiting, noch verstehen sie Törleß. Die Einberufung der Kommission wird damit zur Karikatur eines pädagogischen Aktes, denn der psychologische Zugang zu den Jugendlichen ist den Pädagogen versperrt: Basini, das Opfer, wird als Schuldiger relegiert, Beineberg und Reiting, die für ihre Argumentation die schematischen Moralkategorien ihrer Lehrer kopieren und sie damit blenden können, gehen straflos aus. Erwachsene und Jugendliche leben unter einem Dach in separaten Welten.

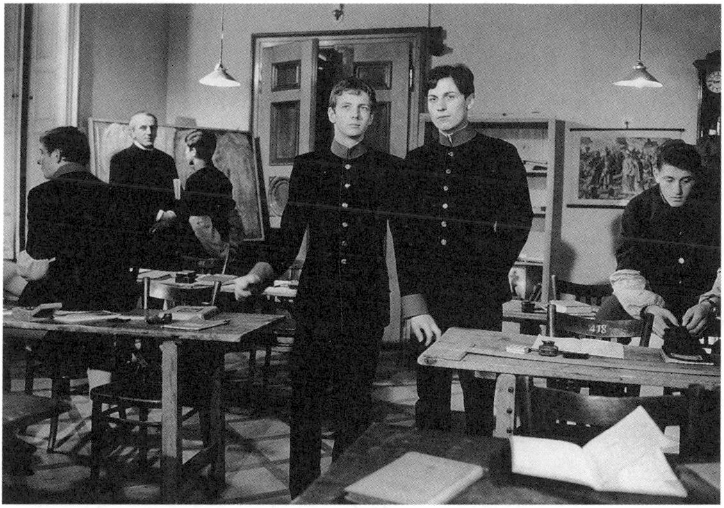

Klassenszene in Volker Schlöndorffs Verfilmung des *Törleß* (im Vordergrund: Mathieu Carrière als Törleß)

Als **Klassenkameraden** des jungen Törleß werden neben Reiting, Beineberg und Basini noch Hofmeister, Moté und Dschjusch genannt, und dem Leser bleibt gegenwärtig, dass eine Menge junger Leute auf den Fluren der Anstalt, in Klassen- und Arbeitssälen und im Schlafsaal beisammen sind, aber die Aufmerksamkeit des Autors ist auf Beineberg, Reiting und Törleß konzentriert – und auf Basini, der den dreien ausgeliefert ist.

Außer mit den real handelnden Figuren ist Törleß durch seine **Erinnerung** mit zwei weiteren Personen verknüpft. In der einen, dem **Prinzen H.**, besaß er einen Freund, der in allem das

Gegenteil von Beineberg und Reiting war (Abschnitt 1: S. 12–14). Die andere war **eine Sängerin**, aber es war nur ihre Stimme, die Törleß in gleichsam abstrakter Liebe leidenschaftlich ergriff (Abschnitt 6: S. 130; vgl. *Interpretationshilfe*, S. 97 ff.). Von beiden, von der körperlosen Stimme und dem ätherischen H., ging für Törleß etwas aus, was noch jenseits des Begehrens lag und doch seine besondere Sinnlichkeit ansprach, sodass sie in der Konstellation der Figuren im Gegensatz zu Basini stehen und zugleich vorläuferhaft auf diese Beziehung vorausweisen. Am Ende der Skala steht als **Verkörperung des Sexus Božena**, die käufliche, deklassierte Frau und Dorfhure, die, abseits und außerhalb wohnend, an den Wochenenden den Besuch der jungen Kadetten empfängt. Aber gerade von Božena knüpfen sich wider Törleß' Willen Fäden zur entgegengesetzten Hemisphäre von Weiblichkeit, zu seiner Mutter, die er sich anfangs rein und asexuell vorgestellt hatte (S. 45).

Figurenkonstellation

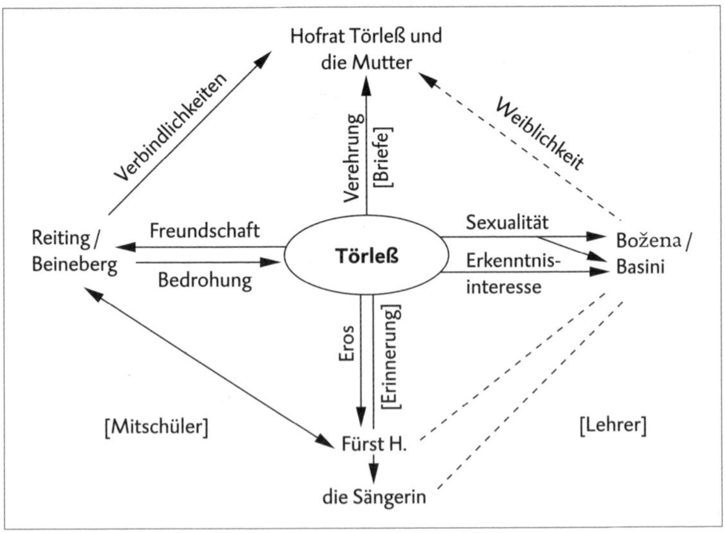

Beineberg und Reiting: die Lust zu herrschen

Beineberg und Reiting sind die starken Freunde von Törleß. Obgleich sie „die übelsten seines Jahrganges" sind, „zwar talentiert und selbstverständlich von guter Herkunft, aber bisweilen bis zur Roheit wild und ungebärdig" (S. 15), hat der etwas Jüngere sich gerade ihnen angeschlossen, seit er in die Pubertät gekommen ist; ihre Wildheit und das Nervige, Sehnige, Körperhafte und sogar etwas Animalische, das er in ihrem Gang und in ihren Faustkämpfen und sportlichen Übungen wahrnimmt, imponiert ihm. Der Autor hat Verständnis für Törleß' Wahl. Er erläutert, dass ein Junge sich in dieser Entwicklungsphase zarterer Regungen schämt und sich an die männlichere Gesellschaft hält (ebd.). Hofrat Törleß hat beim Abschied seinen Sohn geradezu in die Obhut Beinebergs und der anderen gegeben (S. 18 f.). Sie werden Törleß in die Welt des Geschlechtlichen ebenso wie in die des Herrschens einführen.

Seit erst Reiting und dann auch Beineberg sich Basini nach der Entdeckung seines Diebstahls unterworfen haben, verbindet sie dieses Geheimnis und das gemeinsame Interesse, Basini wie ein Objekt zu benutzen. Eigentlich können sich Reiting und Beineberg nicht ausstehen, Beineberg weiß: „Reiting hat mich nie mögen" (S. 79). Beide sind gleichsam Alphatiere, die die Führung innerhalb der Klasse beanspruchen und sich gegenseitig belauern. Vor Jahren haben sie einen Zweikampf ausgetragen (S. 56), den Reiting knapp und zufällig gewonnen hat. Seitdem stehen sie in einer Art **Zweckbündnis** miteinander. Ihr Bündnis hält über die Aufdeckung des Falls Basini hinaus an, sie sprechen vor der Kommission mit einer Stimme, wenden jeden Verdacht von sich ab und wälzen alle Schuld auf das Opfer.

Ihren Führungsanspruch leiten beide auf je unterschiedliche Weise aus ihrer Herkunft ab: Beide bewundern, mystifizieren und vergöttern ihre Väter und bereiten sich darauf vor, in ihrer Nachfolge zu Führungspersönlichkeiten zu werden. Aber Musil differenziert das Bild, auch wenn er der Ansicht ist, sie nur als „Halbreliefs“ (vgl. Corino, S. 253) modelliert zu haben, da sie nur der Versuchsanordnung um Törleß herum dienen. Reiting ist knapper behandelt als Beineberg. Er tritt erst im Mittelteil voll ins Bild, als er Törleß und Beineberg in der ersten Szene in der roten Kammer von seinem Triumph berichtet, Basini überführt zu haben (Abschnitt 4: S. 55 ff.). Von Beinebergs Herkommen und Haltung erfährt der Leser dagegen bereits in Teil I während des Gesprächs zwischen ihm und Törleß in der Konditorei (Abschnitt 2), und es schließen sich an: zwei Gespräche mit Törleß über imaginäre Zahlen (Abschnitt 11 und 14: S. 102 ff., S. 113 ff.), seine ausführliche Darlegung seines Verhältnisses zu Basini und Reiting in der zweiten Kammer-Szene (Abschnitt 7) und seine Rolle als Hypnotiseur in der letzten gemeinsamen Sitzung in der Kammer (Abschnitt 23).

Reiting hat Charme und eine gewisse Eleganz (S. 80), innerlich ist er beinhart und besessen vom **Streben nach Macht**. Er ist der Klassenchef und Intrigenspinner. Sein größtes Vergnügen besteht darin, „Menschen gegeneinander zu hetzen, den einen mit Hilfe des anderen unterzukriegen und sich an abgezwungenen Gefälligkeiten und Schmeicheleien zu weiden, hinter deren Hülle er noch das Widerstreben des Hasses fühlen konnte“ (S. 55).

Aufs Ganze geht seine Kunst der Aufwiegelung am Ende, als es ihm gelingt, die Klasse gegen Basini zu mobilisieren (S. 185). Sein Plan erfüllt ihn mit Vorfreude: „Überhaupt habe ich diese Massenbewegungen gern. Keiner will Besonderes dazutun, und doch gehen die Wellen immer höher, bis sie über allen Köpfen zusammenschlagen. Ihr werdet sehen, keiner wird sich rühren, und es wird doch einen Riesensturm geben.“ (S. 163) Intuitiv erfasst der junge Mann – und hinter ihm sein junger Autor – die **Gesetze der Gruppendynamik und Massenpsychose**, deren wissenschaftliche Erforschung eben damals erst einsetzte. Mit unbeschreiblicher Genugtuung hat Reiting zuvor Basini „wie ein gequältes, wehrloses, kleines Tierchen“ (S. 61) zu seinen Füßen gesehen. Er frohlockte, als dessen Inneres sich ihm plötzlich öffnete „wie die Gänge eines Wurms, wenn das Holz entzwei springt …“ (S. 59) Die Klasse ebenso wie den Einzelnen behandelt Reiting wie Dinge. Sie sind ihm Studienobjekt und Werkzeug, an denen er sich übt. Er will herausfinden, wozu ein Mensch in der Lage ist und wie weit man mit ihm gehen kann. Auch homosexuell **degradiert** er **Basini zu einem Objekt** (S. 76) und empfindet deswegen weder Scham noch Schuld oder emotionale Unsicherheit oder Spuren von Zuneigung. Törleß antwortet er lediglich kühl: „Man muß alles mitgemacht haben“ (S. 94). Homosexualität ist ihm einen Selbstversuch wert.

Reiting hält seinen Namen für ein Inkognito, hinter dem sich seine wahre, hohe Abkunft verberge, er bereitet sich darauf vor, Offizier zu werden, denn er „rechnete mit Staatsstreichen und großer Politik“ (S. 55). Er verehrt – wie Robert Musil als Kind – Napoleon (S. 82); Törleß findet das ein wenig lächerlich, da er glaubt, das Zeitalter der Revolutionen, Umstürze und genialen Feldherren sei vorbei. Er ahnt, dass Reiting wie er selbst geheime Tagebücher führt, die er aber nicht mit inneren Klärungsversuchen, sondern vermutlich mit Plänen zu Putschen und Fragen der Menschenführung fülle (S. 54).

Ist Reiting der Klassentyrann, Rädelsführer und Demagoge, so ist **Beineberg** der sadistische Mystagoge: ein sinnlich-übersinnlicher Prediger, **Fanatiker** und Ideologe. Reiting besitzt eine gewisse Nonchalance und Gradlinigkeit, die Törleß für ihn einnimmt. Beineberg dagegen stößt ihn in seiner spinnenhaft exaltierten Körperlichkeit (S. 27 f.; vgl. S. 116) ebenso ab wie in seinen Gedankengespinsten. Widerwillen bis zum Ekel steigt gelegentlich in ihm auf, und doch sucht er Beinebergs Gesellschaft und vertraut sich ihm an, denn beide sind philosophische Naturen, beide spüren, dass die wissenschaftliche Erklärung der Welt zu kurz greift, und darum hat Törleß mit ihm mehr Gesprächsstoff als mit Reiting, denn „Reiting kennt nur das Außen" (S. 84). Beineberg ist Törleß geistig gewachsen und sensibel genug, um dessen Regungen zu erraten. Aber schon solch stummes Verstehen ist Törleß zuwider; auf unbestimmte Weise fühlt er sich innerlich beschmutzt, wenn Beineberg ihm zu nahe kommt (S. 35). Wenn sich sogar die Fragen von Törleß und Beinebergs irrationale Verstiegenheiten einander anzunähern scheinen, so ist diese Nähe Törleß höchst unangenehm: „Er kann doch nicht dasselbe suchen wie ich, und doch fand gerade er die richtige Bezeichnung dafür …"(S. 86), sagt er sich dann irritiert. Offensichtlich möchte Törleß Klarheit darüber gewinnen, worin sich seine und Beinebergs Fantasien und Denkweisen trotz ihrer ähnlichen Ansätze unterscheiden. Auch für den Autor liegt die **Funktion der Figur Beineberg** darin, diese Grenzlinie in Erscheinung treten zu lassen, den – vorausgreifend gesagt – Unterschied zwischen dem Hang zum Übernatürlich-Spekulativen („Schleudermystik in orientalischem Gewand" heißt so etwas im *Mann ohne Eigenschaften*) und der Lösung der Rätsel im Diesseitigen.

Beinebergs Vater, ein korrekter Offizier und späterer General, unterschied sich vom trockenen Durchschnittsmilitär durch seine exklusive Beziehung zur indischen Philosophie und Religiosität (S. 24 ff.). In Beineberg hat sich dieses geistige Erbe zu „einer Art verzerrender Vergrößerung" (S. 26) ausgewachsen. Auch er will, wie Reiting, die Macht, aber nicht durch Ränke und straffe Zügelführung, sondern durch spirituelle Energie. Er orientiert sich an der Askese und Welt- wie Selbstüberwindung indischer Märtyrer, Fakire und Heiliger und erläutert Törleß, was es heißt, **ein kosmischer Mensch** zu werden: Er will auf dem Weg über die Abtötung körperlicher Begierden und Schwächen die Elevation der Seele, den „Triumph des Geistes" in Einklang mit der Weltseele erringen (S. 83 ff.). Solcherart geläutert, wird aus ihm, unwiderstehlich für andere, die Weltseele strahlen:

Kraft hypnotischen Willens will er sich die Menschen gefügig machen. Ausgerechnet für solches Training braucht er Basini: Er ist für ihn ein „Fall“ (S. 81), an dem er sich schulen und abhärten will, darum ist es ihm wichtig, sich Basini zu erhalten, statt ihn laufen zu lassen, wie Reiting anfangs wollte. Er hat sich als Programm ausgedacht – und darin zeigt sich das Perverse und Verdrehte seiner Argumentation –, Basini zu quälen, um das Mitleid mit der leidenden Kreatur in sich zu überwinden, denn Mitleid ist eines Herrenmenschen unwürdig. In dieser Setzung spricht allerdings eher Nietzsche als der Buddhismus aus ihm. Beineberg will um der Befreiung seiner Seele willen sein Mitleid als „Opfer“ darbringen (S. 83). Es ist kein Wunder, dass es Törleß hier zu schwindeln beginnt. Tatsächlich benötigt dieser Zögling eine Menge Theorie und Exotik, um seine sadistische sexuelle Veranlagung, die sexuelle Komponente seines Machttriebes, kaschieren und den Folterknecht als den höheren Menschen rechtfertigen zu können (vgl. Minder, S. 85). Das Obszöne, Verrenkte, latent Sexuelle an Beineberg bemerkt Törleß bereits an seiner Gestikulation in der Konditorei. Seine Erregung und die dabei in „fingernde Beweglichkeit“ geratenden Hände haben für Törleß „etwas Unzüchtiges an sich“ (S. 27; S. 116). Später erlebt er „die heißen leidenschaftlichen Atemstöße Beinebergs“ (S. 38), als dieser gemeinsam mit Reiting Basini auspeitscht. Aus dem ideologischen Konstrukt treten **besinnungslose Grausamkeit und Barbarei** (S. 174) zutage.

Törleß, Beineberg und Reiting sind Komplizen, eine Gang. Reiting und Beineberg sind darin die Täter, während der jüngere Törleß längere Zeit in der Rolle des Beobachters oder staunenden Mitläufers bleibt. Er möchte wissen, wie sich alles verhält. Innere Erregung und ein Verlangen, „in die Gebilde dieser Finsternis hineinzustarren“ (S. 69), bestimmen ihn. Er spürt Eifersucht, wenn die anderen, die Tatmenschen, ihn ausschließen oder ein wenig als Poeten hänseln, der nicht ganz von dieser Welt sei (S. 81, S. 100).

Törleß bemerkt früh, dass diese Freunde jederzeit die Partei wechseln und sich sowohl gegeneinander als auch gegen ihn stellen können, wenn es das Interesse des einen oder anderen erfordert. Als Beineberg jubelt, weil er Reiting auf die Schliche gekommen ist und jetzt etwas in der Hand hat, das er gegen ihn ausspielen kann (S. 79 f.), erschrickt Törleß über soviel Perfidie: Er findet Beineberg „schändlich“ (S. 80), er fühlt in diesem Augenblick mit Reiting und begreift, wie leicht auch er in dessen Lage geraten kann (S. 80). Beineberg ist ganz offensichtlich gefährlich. Törleß erlebt ihn „wie eine unheimliche, große, ruhig in ihrem Netz lauernde Spinne“ (ebd.), die mit ihren Fäden urplötzlich Reiting den Hals zuschnürt. Um jeden ziehe er seine „vielarmigen, grauen, abscheulichen Gedankengespinste“ (ebd.). Während des gesamten Gesprächs (Abschnitt 7) wird Törleß den Eindruck des Gewebes, des **Gespinstes oder Netzes** und der sich zuziehenden Schlinge (S. 82, S. 85, S. 86) nicht los: Freund Beineberg hat etwas Gespenstisch-Diabolisches an sich in seiner verquasten Mystik und hinterhältigen Aggressivität. Zugleich erfährt Törleß – was Basini ihm später bestätigen wird –, dass Reiting niemanden, auch ihn nicht, schonen würde, „wenn die Gelegenheit zufällig [ihn] träfe“ (S. 82).

Was das Gespann Reiting-Beineberg aufzieht, ist Terror. Die ihr Verhalten charakterisierende Ausdrucksweise entstammt dem **Wörterbuch der Diktatur** und des Krieges. Reiting fordert von Basini „blinde[n] Gehorsam“ (S. 59), er zwingt ihn, „Gefolgschaft“ zu leisten (ebd.), „auf Befehl“ muss Basini ihm zu Willen sein (S. 146); der Erzähler nennt Reiting einen „Tyrann[en]“ (S. 56), der Auflehnung nicht duldet. Beineberg und Reiting haben seinerzeit „Krieg“ gegeneinander geführt (S. 56), und auch Törleß gefällt sich in der Rolle des „Generalstabschef[s]“ (S. 57).

Unter der Hand und dem Autor zunächst nicht einmal bewusst sind im *Törleß* also **Herrschaftsmechanismen** aufgedeckt. Jede Schulklasse „ist in einem solchen Institute ein kleiner Staat für sich" (S. 56), erläutert der Autor-Erzähler, und auch das mit seinen kahlen Mauern von der Welt abgegrenzte Konvikt darf als Modell des Staates oder als Staat im Staate aufgefasst werden. Aber erst unter dem Eindruck des Dritten Reiches und des Faschismus in Italien und Spanien notiert Musil zwischen 1937 und 1941 ins Tagebuch: „Das Verhältnis zur Politik. Reising, Boineburg: die heutigen **Diktatoren in nucleo**. Auch die Auffassung der *Masse* als zu zwingendes Wesen [...]. Ich habe peripher zu den Klassendiktatoren gehört" (Werke III, S. 914 f.).

Interessant an diesem Eintrag ist, dass Musil die Namen von Reiting und Beineberg darin ohne literarische Deckung nennt, sodass die Beziehung zwischen Biografie und Literatur preisgegeben ist. Karl Corino kommentiert Reising und Boineberg: „Sie waren letztlich auch das Zuchtprodukt alter Offiziersfamilien, in denen über Generationen hinweg auf taktische und strategische Begabung, auf Entschluß- und Kampfkraft selektioniert war" (Co., S. 112). Nicht wenige dieser vornehmen Offiziers- und Kadettengeschlechter haben sich im Dritten Reich kompromittiert. Über die Verquickung von Sexualtrieb und Machttrieb war sich Musil als Psychologe im Klaren. Robert Minder zitiert ihn: „Die Triebgrundlagen des Dritten Reiches habe ich bereits im *Törleß* vorweggenommen" (Minder, S. 84). Die rot ausgekleidete Kammer mit dem geladenen Revolver an der Wand – Törleß findet diese Draperie zunächst etwas lächerlich wie die Illusion von Räuberleben (S. 54), später widervernünftig und bedrohlich wie „ein vergessenes Mittelalter" (S. 149) – wird im Verlauf der Handlung der passende Rahmen für bösartige Folterungen innerhalb eines Blutordens. Beineberg führt Lichtregie, dunkelt ab (S. 96, S. 165) und sorgt für eine okkulte Atmosphäre, in der ebenso sexuelle Orgien wie religiöse Ekstasen oder Fememorde zelebriert werden könnten oder eine Mischung aus alledem. Basini hat Beinebergs perversen Einfällen gehorcht (S. 143 ff.). Mit seinen Demütigungen scheinen **Gestapo-Methoden vorweggenommen** zu sein.

Das heißt auch, dass gerade das Klima militärisch-straffer Kadettenanstalten sadistische Blüten hervortrieb: „Man muss sehen, daß die drei Zöglinge an Basini nur ausüben, was – in ungleich sublimierterer und subtilerer Form – an ihnen selbst praktiziert wird, um den **autoritären Charakter** zu produzieren" (Pott, S. 19). Dies alles steckt im Roman, den Berghahn das politisch „vielleicht hellsichtigste Buch" nennt, das vor dem Ersten Weltkrieg geschrieben wurde (Berghahn, S. 33), ohne dass dies Musils Thema gewesen wäre. Man kann den *Törleß* lesen, ohne allzu ausführlich auf Reiting und Beineberg einzugehen; Basini jedoch kann man nicht überspringen.

Basini: das Opfer

Indirekt oder direkt ist der eigentlich unscheinbare Zögling Basini in fast jedem Abschnitt des Romans vorhanden. Das erste Mal erfährt der Leser in Teil I durch Boženas Mund von diesem Jungen; der Mittelteil setzt mit Reitings Neuigkeit ein, dass Basini der Spielladendieb sei. Man stellt ihn „unter Kuratel" (S. 68). In Abschnitt 6 führt der Erzähler Basini ein (S. 70 f.). Alle nun einsetzenden Zusammenkünfte in der Dachkammer drehen sich um Basini, in den Kammerszenen 3 bis 6 (das erste Mal in Abschnitt 10) ist er leibhaftig anwesend, sodass man denken könnte, diese verborgene Kammer sei eigens sein symbolischer Ort. Aber Basinis Anwesenheit spielt auch im Schlafsaal, im Klassensaal und außerhalb im alten Badhaus eine Rolle, und er geistert durch Törleß' Träume und Gedanken. Basini wird für Törleß so etwas wie ein doppelter Brennpunkt, denn sein Vergehen und seine Verwandlung in ein Objekt der anderen erschüttert die Illusion einer intakten Welt, und die Vorgänge in der Kammer entzünden Törleß erotisch und schließlich sexuell. Im Umgang mit Basini offenbart sich die Grausamkeit seiner Freunde und die Nähe von Sex und Gewalt. Um zur Klärung seiner selbst zu gelangen, muss sich Törleß mit dem Phänomen Basini innerlich auseinandersetzen. Der Erzähler kommentiert: „So begann Basini sich zum ersten Male jener Bedeutung zu nähern, die er späterhin in Törleß' Leben einnehmen sollte." (S. 69)

Törleß am Deutschen Theater Berlin 2007: Jiří Černý als Basini

Vermutlich ist Basini **homosexuell veranlagt**. In seinen femininen Gesichtszügen und in seinem Gang scheint sich dergleichen anzudeuten (S. 70). Der Erzähler bescheinigt ihm „eine angenehme Art koketter Liebenswürdigkeit" (ebd.), und als er seine geistige und moralische Labilität und Torheit anspricht, fällt ihm als Vergleich eine Frau mit niedlichen Löckchen über der Stirn ein (S. 71). Der erniedrigte Basini schmeichelt „mit einer weibischen, buhlerischen Betonung" (S. 143), seine Bewegungen wirken wie die eines „ungeschickten Freudenmädchens" (S. 177). Basini hat weder Rückgrat noch Stolz oder Selbstachtung. Er kann mit den anderen nicht mithalten, und so versucht er ihnen mit erfundenen Frauengeschichten zu imponieren und geht wohl eher aus Angeberei als aus Bedürfnis zu Božena (vgl. S. 47 f.). Er handelt also fremdbestimmt; das macht ihn ebenso lächerlich wie tragisch: Er stiehlt Geld, um die Dirne bezahlen zu können, mit der er nichts anzufangen weiß, die zu besuchen er sich aber genötigt fühlt, um in der Männerwelt Anerkennung zu finden. Aber die Klasse und die Dirne durchschauen seine Manöver und machen sich über ihn lustig. Basini ist von vornherein so etwas wie ein armer Teufel und prädestiniert für die **Opferrolle**. Musil spricht 1902/03 noch ganz unbefangen von dessen „moralische[r] Minderwertigkeit" (S. 71). Er benutzt also jene Vokabel, die die Nationalsozialisten den Juden angeheftet haben, um ihnen die Gleichheit mit „Ariern" und damit die Menschenwürde abzuerkennen. Ebenso verfahren Reiting und Beineberg mit Basini: Durch seinen Diebstahl habe er sich deklassiert und seine Existenz verscherzt, es sei folglich keine Gemeinschaft mehr zwischen ihnen, er sei nichts wert, also könne man mit ihm nach Gutdünken verfahren (S. 67, S. 78 ff.). Er wird – abermals in der Terminologie des Dritten Reiches – zum „Untermenschen" und sogar zum Ungeziefer: Wenn seine Eltern von den Vergehen Basinis erfahren, denkt sich Törleß im ersten Schrecken, werden sie ihn wohl mit den Fingerspitzen von ihrem Sohn wegschnippen „wie ein unsauberes Insekt" (S. 72).

Basini kommt aus schwächeren familiären Verhältnissen als etwa Törleß, denn seine Mutter ist Witwe, ein Onkel hat die Vormundschaft, und das Konvikt ist seine einzige Chance. Alle wissen, dass der Verweis von der Schule für diesen Jungen das gesellschaftliche Aus bedeutet, doch das kümmert keinen, auch Törleß nicht. Törleß selbst ist durch „Verbindlichkeiten" von Beineberg und Reiting seinen Eltern gegenüber besser geschützt als Basini, denn sie haben ihr Ehrenwort gegeben, auf den Sohn aufzupassen: Dieser ritterliche Kodex funktioniert selbst noch in der Niedertracht (S. 186).

Seinen Machthabern bietet sich Basini zum Sklaven an (S. 67), er verhält sich willfährig und servil und wird – entsprechend der Denkweise der alten Standesgesellschaft – auch so bezeichnet:

als **Lakai** (S. 139) und Bediensteter (S. 163), den man ab und an züchtigen müsse, damit er nicht frech wird.

Nachdem Törleß sich von Basini sexuell hat hinreißen lassen (Abschnitt 20; S. 151 ff.), empfindet er vorübergehend Zärtlichkeit für ihn. Letztlich jedoch stellt sich sein Gefühl für diesen Jungen als eine Verirrung heraus. Er zieht sich wieder zurück, rät Basini aber, sich selbst zu stellen.

Das Verhältnis von Reiting, Beineberg und Törleß zu Basini

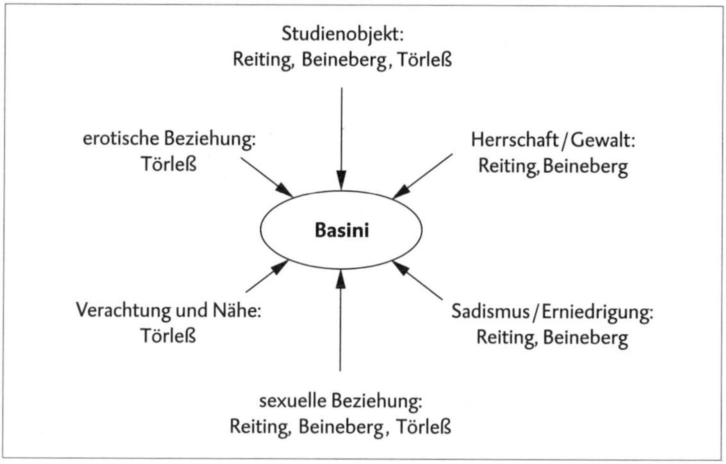

3 Die Lebenskrise des jungen Törleß

Larvenexistenz – Törleß' Leiden an der inneren Leere

In Teil I des Romans klingen die beiden großen Themen an, die Törleß innerlich beschäftigen: Das Thema der Erotik und Geschlechtlichkeit, das sich besonders in der Basini-Handlung sammeln wird, und das der doppelten Wirklichkeit und der seelisch-geistigen Abenteuer. Im Mittelteil greifen diese Themen ineinander, hier sind sie noch voneinander geschieden, obgleich sich in ersten Ansätzen bereits Querbeziehungen andeuten. In der Konditorei, beim Blick aus dem Fenster, erlebt Törleß die Vorstufe dessen, was ihn später an der Mauer im Park und unter dem Himmel noch intensiver ergreifen wird; er spricht mit Beineberg darüber. Die Prostituierte Božena zieht ihn an als „ein Knäuel aller geschlechtlichen Begehrlichkeiten" (S. 45). Dass die Besuche bei Božena Törleß trotz aller Scham mit einer geheimen, fürchterlichen Freude (S. 48) erfüllen, hat seinen Grund in seiner **Melancholie**. Den jugendlichen Schüler Törleß bedrückt ein Gefühl umfassender Sinnleere. Alles, was um ihn herum im Konvikt geschieht, ist ihm zutiefst gleichgültig, schal und langweilig; er weiß nicht, wozu er lebt. Nur bei Božena lässt sich dieses Leiden für kurze Zeit betäuben (S. 48).

Der Erzähler gibt einen Überblick über die seelischen Veränderungen und Schwankungen des Törleß seit seiner Einschulung ins Konvikt vor vier Jahren. Damals, als Zwölfjähriger, konnte der Junge sich aus den öden Schultagen in die **Briefe** an die Eltern retten. Mit der Vorfreude auf den abendlichen Brief ist das langweilige Konviktleben auszuhalten, denn schreibend ist Törleß wie auf einer „Insel voll wunderbarer Sonnen und Farben" (S. 9) oder **wie in „wunderbaren Gärten"** (S. 10) oder der „Abgeschiedenheit einer Kapelle" (ebd.). Schreiben wird zum Rausch und Zauber, zur Selbstverzauberung und zum einsamen, narzisstischen Selbstgenuss der unbestimmten inneren Sehnsüchte und Schmerzen. Der Erzähler weist darauf hin, dass es nicht eigentlich Heimweh und Sehnsucht nach den Eltern sind, die den Jungen erfüllen, sondern die Kreativität und Exklusivität des Schreibvorganges selbst und der erste Versuch, schreibend „die Kräfte des Inneren zu entfalten" (S. 12). Schreiben ist Inspiration und „Quelle einer [...] höheren Seligkeit" (S. 11). Im noch kindlichen Törleß scheint sich der zukünftige Dichter anzukündigen.

Aber die Quelle versiegt, der schmerzlich-beglückende Gefühlsreichtum verliert sich allmählich. Törleß gerät in eine Phase seiner seelischen Entwicklung, in der er den Eltern jetzt eher sachlich von den Vorgängen im Institut berichtet. Den Eltern gefällt das, er selbst empfindet sich aber als innerlich „verarmt und kahl" (S. 11).

In dieser Situation gewinnt er die **Freundschaft des** hocharistokratischen **Mitschülers H.** Diese Freundschaft fesselt ihn wie zuvor das Briefschreiben: Sie wird mit ähnlichen Bildern beschrieben und ist Törleß' Zuflucht aus dem gleichgültigen Alltagsgeschehen. Wie zuerst die Briefe erfüllt ihn jetzt das Zusammensein mit diesem Jungen, der „eine andere Art Mensch" – ein durch Religiosität und Tradition verfeinerter und seelisch authentischer Mensch und schon eine kleine Persönlichkeit – ist und ihm so „zur Quelle eines feinen psychologischen Genusses" wird (S. 13). Er entwickelt einen Sinn dafür, dass das „Greif- und Besprechbare" eines Menschen weniger ist als sein Fluidum, die Fülle undefinierbarer Nuancen, flüchtiger Gesten oder das Timbre der Stimme. War Törleß briefschreibend wie auf einer leuchtenden Insel oder in einem wunderbaren Garten, so wird ihm jetzt der Umgang mit dem jungen Fürsten zur „**Idylle**" (ebd.), also ebenfalls zur kleinen, exklusiven und glücklichen Abgeschiedenheit. Auch das Bild der Kapelle stellt sich wieder ein (S. 14). Er erlebt den Freund als etwas so außerordentlich Kostbares wie den „nutzlosen, vergoldeten Zierrat" (ebd.) alter Kirchen, deren Berührung eine fremde Welt ahnen lässt, die –

halb schon Vergangenheit – das ambivalente Gefühl von Schönheit und Unzeitgemäßheit erweckt. Aber die geistigen Anlagen der beiden Jungen sind zu verschieden. Törleß, intellektuell orientiert, kann das Schöne nicht einfach schön sein lassen; er will die Auseinandersetzung und wird zum Berserker. Die Freundschaft zerbricht für immer. Törleß sieht ein, dass „da dieser hölzerne Zollstab des Verstandes zu ganz unrechter Zeit etwas Feines und Genußreiches zerschlagen habe" (S. 14). Aus der Phase empfindsamer Briefe war Törleß herausgewachsen und zum Rationalisten geworden. Nach der Episode mit dem Prinzen H. kommt er aber zu der Einsicht, dass logischer Verstand und Vernunft kein besonders empfindliches Instrument sind und ihre Grenzen haben.

Nach dem Verlust des Prinzen H. wird es abermals „ganz leer und langweilig" um Törleß (S. 15). Die erzählte Gegenwart setzt hier ein. Törleß, jetzt sechzehn Jahre alt, gelangt in eine dritte Phase seiner Entwicklung während der Konviktzeit. Er muss die schwierige Periode der Pubertät und seelischen Labilität durchleben und schließt sich Beineberg und Reiting an. Diese Phase nennt der Erzähler „die Zeit [der] **Larvenexistenz** im Institute" (S. 57). Drei Merkmale kennzeichnen sie:

- Sie ist grundiert vom Gefühl des ennui – der Unausgefülltheit und innerlichen Leere, der Langeweile und „furchtbare[n] **Gleichgültigkeit**" (S. 20) –, das Törleß niederdrückt. Es kommen Augenblicke, in denen er „hätte schreien mögen vor Leere und Verzweiflung" (S. 34).
- Er ist tatsächlich und objektiv seelisch leer und eine Art tabula rasa, denn er hat keinen spezifischen, ihn charakterisierenden Seelenhintergrund und nichts Eigenes mehr. Er weiß nicht, wer er selber eigentlich ist oder was er will. „Es schien damals", kommentiert der Erzähler, „daß er **überhaupt keinen Charakter** habe." (S. 16)

- Schließlich sitzt in Törleß ein treibender innerer Hunger (S. 30) und das unbestimmt-ungeduldige **Warten** auf irgendetwas (S. 22 f.), darauf, dass das Leben aufbrechen, Gestalt annehmen und in eine Richtung weisen möge. Als Törleß an einer Kreuzung einen morschen Wegweiser sieht, der in keine der vier Richtungen weist, sondern sinnlos in die Luft hineinragt, erkennt er darin das Symbol für seine Orientierungslosigkeit und die Absurdität seiner Existenz (S. 20).

Der Begriff der **Gleichgültigkeit** fällt gleich auf der ersten Seite des Romans (S. 7) und dominiert den ersten Absatz: Fünfmal kehrt er auf den wenigen Seiten wieder (S. 9, S. 18 , S. 20, S. 21, S. 29), verbindet sich mit den Begriffen der tiefen innerlichen Leere, der Langeweile und Tristesse. Während Törleß sich das Leben außerhalb des Konvikts spannend und lebendig als „wunderbares Rad“ vorstellt, das immer „Neues, Unerwartetes“ aus sich herausrollt (S. 21), zerdehnt sich ihm innerhalb der Mauern des Konvikts die Zeit einförmig ohne Höhepunkt und Ziel im mechanischen Takt der Glockenzeichen. Beineberg, mit dem er darüber spricht, erträgt die Schule als Vorbereitung auf später (S. 30 f.), Törleß dagegen verzweifelt über jeden „begrabenen Tag“ (S. 21). Der umfassenden Trostlosigkeit in der Seele des Helden, diesem „Meere grauer Empfindungen“ (S. 9), antwortet die abweisend kalte, öde und einförmige **Landschaft** außen. Auf der Natur scheint dieselbe „stumpfe Melancholie“ (S. 20) zu lasten. Die vom Autor gesetzten **Farbwerte** vertiefen den Eindruck der Melancholie, der schwarzen Gemütsverfassung: Die Farben werden glanzlos und stumpf, Nebel kriecht heran und „klebt“ über „graubraune[n]“ (S. 19) und „bleigrauen“ (S. 20) Äckern. Der Kontrast zu den bunten Inseln und blühenden inneren Gärten des Briefschreibers oder zu den leuchtenden Kirchenfenstern, dem Bild für die Seele des Prinzen H., liegt auf der Hand. Törleß empfindet sein gegenwärtiges Leben in derselben tristen Palette der Grautöne draußen als ein **Dämmern** (S. 21).

Der Ennui, die Langeweile oder Gleichgültigkeit, wurde in der Epoche der deutschen Romantik gleichsam entdeckt. Er erfasst das moderne Individuum, dem der Glaube an eine göttlich bestimmte, sinnvoll eingerichtete Welt oder insgesamt an Zukunft und ein lohnendes Ziel abhanden gekommen ist. Individuierung – die Freisetzung des Subjekts aus hierarchischen und religiösen Bindungen und Lebensaufgaben – ist erkauft mit Sinnkrisen. Besonders Georg Büchners Figuren, Prinz Leonce in *Leonce und Lena*, der gebrochene Revolutionär Danton in *Dantons Tod* und der empfindsame Dichter **Lenz** in der gleichnamigen Erzählung erleben mit der metaphysischen Leere oder ihren gescheiterten politischen Hoffnungen den Zustand einer Langeweile, die ihren „Elan vital", ihren Lebensmut, ermattet. Nun kann man beim jungen Törleß nicht recht von metaphysischer Leere sprechen, denn er leidet nicht am Nichts einer Gottesferne, sondern kommt bereits aus einem areligiösen Haus, politische Ziele sind ihm fremd. Dennoch erinnern die ersten Seiten des *Törleß* in ihrer Verschränkung von Landschaftsbild und Seelenstimmung und bis in den Sprachrhythmus mancher Sätze hinein gerade an *Lenz,* und auch das Empfinden, dass die Welt einen Riss habe, dass man die Stille hören könne und dass der Himmel unendlich leer sei, teilen Lenz und Törleß miteinander.

Aber Törleß tastet nach dem Leben und ist begierig darauf, endlich werden zu können. Für **die „folternde Unruhe**" in ihm findet Musil das Bild von der sprungbereiten Raubkatze im Dunkeln, in der das Elastische, Frische und Starke seiner Jugend sich sammelt: Törleß denkt sich, „daß seine Eltern wohl durch das allzu Taghelle ihres Daseins blind gegen das Dunkel seien, in dem seine Seele augenblicks wie eine geschmeidige Raubkatze kauerte" (S. 183).

Er kann sich keine deutlichen Vorstellungen von dem machen, was er erwartet, aber seine Fantasien kreisen sehr eindeutig um seine erwachte Geschlechtlichkeit: Es soll etwas geschehen „von fürchterlicher, tierischer Sinnlichkeit; das ihn wie mit Krallen packe“ (S. 22 f.).

Beineberg und Reiting wissen, was sie einmal wollen; sie sehen ihre Zukunft bereits vor sich. Auch in den Lebensregungen des Prinzen H. zeichneten sich die besondere geistige Persönlichkeit, innerer Halt und Charakter ab (S. 13, S. 17). Törleß jedoch hat keinen Halt in sich. Ihn stabilisiert weder das Vorbild des Vaters noch eine vorgeprägte Religiosität. Halbherzig und ohne eigene Linie macht er mal hier, mal da mit, aber nichts entspricht ihm wirklich. Für **das charakterlich Vage und Unbestimmte seiner innerlichen Verfassung**, die ihn so unglücklich macht, findet er selbst die Erklärung, dass die Freunde, die nicht zu ihm passen, zu stark sind, um ihn zu sich selbst finden zu lassen (S. 111). Andererseits scheint seine klägliche Unentschiedenheit eher auf eine **latente Stärke** als auf ein Defizit hinzuweisen. Der ihn begleitende Autor-Erzähler hat Verständnis für die labile und krisenreiche Zeit der Pubertät. Er bedauert, dass im Konvikt die große Literatur nicht gelesen wird, die in Gymnasien üblich ist und für die Übergangsphase der noch unausgegorenen Gefühle der Jugendlichen von großem Wert sei, denn

> *diese von außen kommenden Assoziationen und erborgten Gefühle tragen die jungen Leute über den gefährlich weichen seelischen Boden dieser Jahre hinweg, wo man sich selbst etwas bedeuten muß und doch noch zu unfertig ist, um wirklich etwas zu bedeuten* (S. 15 f.).

Er erläutert bei verschiedenen Gelegenheiten, dass sich in Törleß die Entwicklung zu einer komplexen, vielschichtigen künstlerischen Persönlichkeit „von sehr feinem und empfindsamem Geiste“ (S. 158) ankündige, deren ersten Anzeichen und Herausforderungen der Sechzehnjährige vorerst noch nicht gewachsen sei (vgl. S. 34). Gerade aus der Verzweiflung des Törleß und der sich immer wieder einstellenden Erfahrung der Einsamkeit könne aber besondere Stärke erwachsen. An verschiedenen Stellen wählt er **vegetative Bilder**, um solchen Vorstellungen von psychischer und geistiger Entwicklung Plastizität zu geben:

> *Denn in der Entwicklung einer jeden feinen moralischen Kraft gibt es einen solchen frühen Punkt, wo sie die Seele schwächt, deren kühnste Erfahrung sie einst vielleicht sein wird, – so als ob sich ihre Wurzeln erst suchend senken und den Boden zerwühlen müßten, den sie nachher zu stützen bestimmt sind, – weswegen Jünglinge mit großer Zukunft meist eine an Demütigungen reiche Vergangenheit besitzen.* (S. 33; vgl. S. 11, S. 187, S. 195 f.)

Im Zusammenhang mit dem Basini-Erlebnis gibt der Autor dem Leser gleichsam den Schlüssel zur Deutung der Kette von Verirrungen und Verwirrungen seines Helden in die Hand: Törleß

> *[. . .] hatte eine Aufgabe an sich selbst zu erfüllen, eine Aufgabe der Seele, – wenn er ihr auch noch nicht gewachsen war.*
> *Er wußte nur, daß er etwas noch Undeutlichem auf einem Wege gefolgt war, der tief in sein Inneres führte; und er war dabei ermüdet.* (S. 162)

Die „Geschichte einer Ichfindung" beziehungsweise die der „Gründung des Selbstbewusstseins" (vgl. S. 49 f.) führt durch innere Krisen und Kämpfe. Aus dem unglücklichen Jungen, der eigentlich gar keinen Charakter hat, tritt allmählich ein personales Ich, das am Ende unirritierbar vor der Kommission der Lehrer steht. Vom Stadium der „Larvenexistenz" ausgehend, liest sich Musils Werk wie das Jugendkapitel eines **Entwicklungsromans**, denn es ist darin psychologisch folgerichtig der innere Werdegang eines Menschen erzählt, dessen Anlagen sich in der Auseinandersetzung mit von außen kommenden Widerständen und Einflüssen entfalten und festigen.

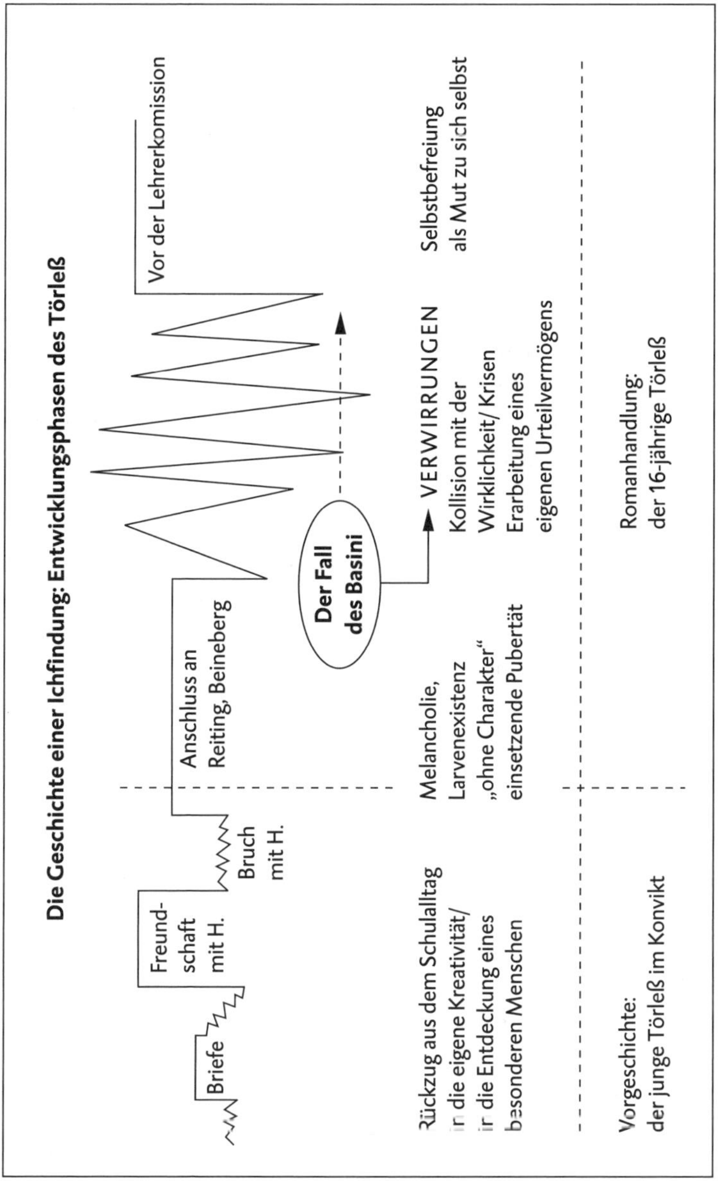
Die Geschichte einer Ichfindung: Entwicklungsphasen des Törleß
Briefe
Freundschaft mit H.
Bruch mit H.
Anschluss an Reiting, Beineberg
Der Fall des Basini
Vor der Lehrerkomission
Rückzug aus dem Schulalltag
in die eigene Kreativität/
in die Entdeckung eines besonderen Menschen
Melancholie, Larvenexistenz „ohne Charakter“ einsetzende Pubertät
VERWIRRUNGEN
Kollision mit der Wirklichkeit/ Krisen
Erarbeitung eines eigenen Urteilvermögens
Selbstbefreiung als Mut zu sich selbst
Vorgeschichte: der junge Törleß im Konvikt
Romanhandlung: der 16-jährige Törleß

Die Kollision mit der Wirklichkeit

Was Törleß aus dem Stadium der Larvenexistenz herausreißt und vollends verwirrt, ist die plötzliche Kollision mit einer Lebenswirklichkeit, die seine kindlichen Vorstellungen von sozialer Ordnung und der Reinheit menschlicher Beziehungen zerstört. Der überlieferte Bezugsrahmen wird rissig; Törleß muss – anders als der in Traditionen eingebettete Prinz – eine eigene ethisch-moralische und geistig-sprachliche Orientierung für sein Leben finden: Er muss **sich selbst erfinden** und motivieren (vgl. Borsthaus, S. 77). Ihn erschüttert, dass die Welt nicht länger als ein klar geschiedenes Oben und Unten und Hell und Dunkel zu verstehen ist. Er war nicht darauf gefasst, dass Sexualität und Prostitution, statt auf den Bereich des Badhauses ausgegrenzt zu bleiben, auf das vornehme Konvikt gleichsam übergreifen könnten. Zum Reifeprozess des Törleß gehört zentral die Erfahrung der triebhaften Sinnlichkeit, die er in sein Leben integrieren muss. Er muss ferner damit fertig werden, dass die seelischen Beschädigungen Basinis unsichtbar und unartikuliert bleiben und dass ihm, Törleß, an Basinis Stelle vielleicht das Gleiche hätte widerfahren können: dass nichts ganz sicher und ausgeschlossen oder unmöglich zu sein scheint. Die Gewaltandrohungen seiner bisherigen Freunde erfährt er als die letzte der Gefahren, die ihn in das „**Wirbeln der Wirklichkeit**" (S. 182) hineinziehen und aus denen er sich wieder herausarbeiten muss. Der psychische, erotische und intellektuelle Aufruhr in ihm machen Törleß empfänglich für unerhörte Wahrnehmungen, die er nicht benennen kann, sodass zur sexuellen Krise eine Erkenntnis- und Sprachkrise hinzutritt.

Sexualität: die andere Welt

Sexualität war zur Zeit der Entstehung des *Törleß* gesellschaftlich tabuisiert. Dass die Jugendlichen, weder von Eltern noch Lehrern aufgeklärt, mit ihren Problemen alleingelassen wurden, zeigte Frank Wedekind in seiner Kindertragödie *Frühlings Erwachen* (erschienen 1891) so eindringlich, dass dieses Stück – erst 1906, zeitgleich mit dem Erscheinen des Törleß, uraufgeführt – bis 1912 für deutsche Bühnen verboten blieb.

Der erwachte Geschlechtstrieb verwirrt den jungen Törleß, weil dieses Fremde in seiner Welt offiziell keinen Platz hat. Er träumt von Ausschweifungen, schämt sich seiner Sexualität und überlässt sich ihr bei **Božena** fast verzweifelt und annähernd masochistisch und „mit erwürgtem Herzen" (S. 49) wie in einem „grausame[n] Kultus der Selbstaufopferung" (S. 41). Er erlebt Sexualität – auch in sozialer Hinsicht – als schmutzig, niedrig und abwegig im doppelten Sinn, denn sie ist die Domäne der Dirne, die abseits der ordentlichen Welt und der ordentlichen Wege hinter einem dschungelähnlichen Gestrüpp ihre Wohnung hat. Beineberg und Törleß müssen über eine instabile Holzbrücke an das „jenseitige Ufer" (S. 36) des Flusses, um sie zu erreichen; symbolisch betreten sie also **eine andere Welt**.

Bereits durch die Gassen der Unterschicht war Törleß, mit „brennenden Augen" (S. 22) gegangen, während seine Kameraden sich locker gaben und anzügliche Witze machen konnten. Die unmittelbare Körperlichkeit der Männer, Frauen und Kinder hatte ihn erregt, denn er ist unter der Oberfläche seiner Zurückhaltung sinnlich veranlagt „in der ihm besonderen Art [...], welche verborgener, mächtiger und dunkler gefärbt war als die seiner Freunde und sich schwerer äußerte" (S. 22). Im Tagebuch charakterisiert Musil sich selbst ähnlich: „Typus: Feuer unter der Asche" (Werke III, S. 942). Nicht anders als sein Held wuchs Musil in einer sozialen Schicht und Familie auf, deren Standesbewusstsein zwar Begriffe wie Liebe und Eros zuließ und in ihre Vorstellung von Gesittetheit einband, aber der sinnlich-triebhafte Untergrund ihrer Existenz, zumal der Geschlechtstrieb, war stigmatisiert und in das verachtete Dasein der Unterschicht oder der Prostitution abgedrängt. Deshalb hat Törleß bei Božena das

Gefühl, seine Eltern zu verraten. Und das Leben hinter den kleinen Fenstern und winkligen, schmalen Torwegen der armen Leute erlebt Törleß nicht mehr als eigentlich menschlich, sondern schon wie etwas dem Menschlichen entgegengesetztes **Animalisches**. Es ist wie ein Gang durch einen Zoo. Törleß nimmt die Ausdünstungen „einer **ganz anderen**, tierischen, drückenden **Atmosphäre**" (S. 22) in sich auf und wartet „auf irgend etwas von fürchterlicher, tierischer Sinnlichkeit" (S. 22 f.). Später packt ihn selbst „viehische Lust" während der Misshandlung Basinis (S. 98). Basini wird sogar zum Tier gemacht, er muss für Beineberg bellen und grunzen und sich als Schwein bezeichnen (S. 144). Nachdem Törleß Reiting und Beineberg durchschaut hat, wirft er ihnen vor, „[s]tumpfsinnige, widerwärtige, tierische Narren" zu sein (S. 179). Das Animalische wird da zum Synonym einer Sexualität ohne Geist und Sinn in der eigenen sozialen Klasse.

Bis diese Erkenntnis zum Durchbruch gelangen kann, muss Törleß allerdings einen schweren Erfahrungs- und Erkenntnisweg absolvieren.

Was sich in ihm zuerst wider Willen als Assoziation einnistet und nicht beseitigen lässt, ist der ihm fatale **Gedanke an seine Mutter** ausgerechnet bei Božena, die für ihn „ein Geschöpf von ungeheuerlicher Niedrigkeit" ist (S. 41). Neunzehnmal während des Božena-Kapitels kommt das Wort „Mutter" oder „Mama" vor. „Törleß sättigte sich mit den Augen an Božena und konnte dabei seiner Mutter nicht vergessen" (S. 45). Die erste Aufgabe, der erste Tabubruch, den Törleß zu bewältigen hat, ist das Eingeständnis, dass seine Mutter eine reale Frau ist, auf die er vielleicht sogar in ödipalem Verlangen bezogen ist, denn unmittelbar nach der Trennung von der Mutter richtet sich sein Begehren nun gleichsam ersatzweise auf die Dirne. Er muss die Illusion aufgeben, dass die Mutter „wie ein Gestirn" (S. 45) hoch über allem Niedrigen wandle. Es muss also eine Verbindung und

Brücke zurück von der „animalischen“ Unterschicht zur kultivierten Oberschicht und von der verächtlichen Hure in ihrem „übelriechenden Zimmer“ (S. 44) zur gepflegten Höfrätin geben oder, anders herum: „Auch aus der Welt jener Unantastbaren und Ruhigen mußte eine Pforte herüberführen.“ (S. 47) In Törleß dämmert also das ihn zutiefst beunruhigende Bewusstsein, dass die **Aufspaltung des Frauenbildes** in Hure und Göttin nicht aufrechtzuerhalten ist, die feine Gesellschaft und das einfache Volk nicht sauber voneinander geschieden sind. Erst am Ende, beim Abschied vom Konvikt, peinigt ihn diese Erkenntnis nicht mehr. Er hat nun Sinnlichkeit als Teil von sich selbst angenommen und kann auch in der Mutter die Frau anerkennen. Die Bestätigung dafür findet sich im Schlusssatz, in dem abermals der Geruchssinn die sinnlich-erotische Sphäre erschließt: „Und er prüfte den leise parfümierten Geruch, der aus der Taille seiner Mutter aufstieg.“ (S. 200)

Törleß (Mathieu Carrière, links) bei Božena (Barbara Steele)
(Szene aus der Schlöndorff-Verfilmung)

Die Nachtseite der Wirklichkeit im Konvikt

Mit dem Fall und der Schändung Basinis muss Törleß im Mittelteil des Romans erleben, dass die dumpfe, dunkle, andere Welt der Geschlechtlichkeit ihren Platz nun nicht mehr nur außerhalb seines zentralen Lebenskreises hat, sondern gleichsam in ihn eingezogen ist. Aus der **Raumsymbolik** lässt sich ablesen, dass der heimliche Gang zu Božena durch Unterholz und Feuchtigkeit, über die Brücke zum jenseitigen Ufer des Flusses und dann durch einen „dunklen Hausflur" und über eine hölzerne Treppe „in engen Windungen" (S. 38) die heimlichen, nächtlichen Gänge der Zöglinge zur Dachkammer im Konvikt vorwegnimmt. Ausführlich beschreibt der Erzähler diese Dach-Topografie mit Stiegen, einem „verlorenen Raum" und einem langen schlauchartigen Durchgang durch verstaubte Kulissen (S. 51 ff.). **Die verwinkelte, enge Kammer** selbst erinnert an die verwinkelten Gassen und engen Höfe im Dorf. Ein labyrinthischer Raum also wird zum Schauplatz aggressiver Schülersexualität.

Der Dachkammer wiederum entspricht das seelische **Labyrinth**, in dem sich Törleß verirrt hat: „Er hatte sich gewöhnt, auf außerordentliche, verborgene Entdeckungen zu hoffen, und war dabei in die engen, winkligen Gemächer der Sinnlichkeit gelangt", kommentiert der Erzähler (S. 162).

Zu der Heimlichkeit und Verwinkeltheit des Raumes und seiner symbolischen Aussagekraft hinzu kommt die **Lichtsymbolik**. „Das Tageslicht erstickte selbst an hellen Mittagen auf dieser Treppe in einer Dämmerung, die von altem Staube gesättigt war" (S. 51 f.), und in der Kammer selbst empfindet sich Törleß „wie tief in dem Inneren eines Berges" (S. 54). Wie das Badhaus ist auch die Kammer **ein Abseits**. Sie liegt „abseits von dem warmen und hellen Leben der Lehrsäle" (S. 149). Aber dieses Abseits, drapiert mit blutrotem Tuch und Revolver, ergänzt komplementär die mit Kruzifix und Herrscherbild geschmückten Lehrsäle: Erst beides zusammen zeigt die ganze Wahrheit der Epoche.

Die Kammer ist eine Welt, die zu Beineberg passt, in deren zweifelhaftem Lichte er wie ein „groteskes Götzenbild" (S. 67) thront und im Leser Assoziationen an die Dschungelatmosphäre Indiens heraufbeschwört (vgl. S. 24, S. 87). Die Welt des Törleß aber war trotz der Faszination für Dunkelheiten überwiegend hell: Er denkt an die „Taghelle", in der seine Eltern für ihn stehen (S. 183). Jetzt fühlt er sich seit dem Beginn des Doppellebens zwischen Schultag und Kammer

> *gewissermaßen zwischen zwei Welten zerrissen: Einer solid bürgerlichen, in der schließlich doch alles geregelt und vernünftig zuging […], und einer abenteuerlichen, voll Dunkelheit, Geheimnis, Blut und ungeahnter Überraschungen. […] Ein Flimmern der Gedanken entstand …* (S. 57; vgl. S. 64 f.)

Törleß erschrickt, als er entdeckt, wie in der Kammer die Freunde „plötzlich etwas anderes, Düsteres, Blutgieriges, Personen in einem ganz anderen Leben geworden zu sein schienen" (S. 149). Er ist damit konfrontiert, dass Dinge und Menschen **sich verwandeln**, eine **Nachtseite** haben und **doppelgesichtig** sind. Und dieses andere, Düstere und Blutgierige wandert am Ende gleichsam aus der Dachkammer aus und infiziert die ganze Schulklasse, die, eben noch geordnet und hell, nun mit unflätigem Lachen und zügellosen Scherzen über Basini herfällt (S. 185).

Beineberg und Reiting verwandeln sich ihm in der Kammer; aber vor allem ist Basini bestürzend doppelgesichtig. Am Tag geht er in unschuldiger Anmut unter den Leuten umher, innerlich aber ist er ein anderer. Reiting beschreibt diesen Verwandlungsprozess mit Genuss am Beispiel eines unvermutet gefassten Mörders, an den ihn Basini, als er ihn festnageln kann, erinnert (Abschnitt 4: S. 61 f.). Fortan lässt Törleß Basini nicht aus den Augen. Das doppelte Bewusstsein, dass er Basini harmlos wie alle anderen im Klassenraum vor sich sitzen sieht und ihn als Erniedrigten weiß, verursacht eine ungeheure Seelenerregung wie ein Erdbeben in ihm (S. 127 f.). Basini interessiert ihn geistig,

Törleß am Deutschen Theater Berlin 2007: Jiři Černý (links) als Basini; Alexander Khuon als Törleß

denn er will herauskriegen, wie die beiden Seiten ein und desselben Menschen innerlich zusammenhängen; und er wird sinnlich zunehmend von Basini angezogen. Schließlich überfällt er ihn um ein Haar in seinem Bett (S. 136 f.).

Basini ersetzt Božena: Seit dieser ihn anzieht, wird jene ihm gleichgültig (S. 85). Als es aber zum Geschlechtsakt kommt, überlässt Törleß sich dem Orgasmus und erlebt den Vorgang zugleich entsetzt als Selbstentfremdung und Selbstverlust. Die vollzogene Sexualität sprengt gegenwärtig noch das Bild, das er von sich hat (S. 153). Nun weiß Musil natürlich wie jedermann, dass Homoerotik in Jungeninternaten und Kasernen gängig ist, und Basini versucht Törleß mit einem solchen Hinweis sogar zu beruhigen („denk' nur, wie viele tun solche Sachen freiwillig zum Vergnügen"; S. 146), aber der empfindliche Törleß begründet später:

Was ich früher anderes von dir wollte, habe ich vergessen, seit du dich mit deinen geilen Bitten dazwischen gedrängt hast. Ich wollte einen Punkt finden, fern von dir, um dich von dort anzusehen …, das war mein Interesse an dir; du selbst hast es zerstört (S. 176).

Das hört sich ein wenig scheinheilig an nach dem Vorausgegangen. Aber Törleß spürt wohl, was der Autor kommentiert: Das eigentliche Problem, das in Törleß sitzt, war zeitweilig „von der Leidenschaft [...] überwuchert" worden (S. 198). **Homophilie war eine Verirrung**, und der Mensch Basini war austauschbar und nur ein zufälliger Anlass. „Durch eine Überraschung, ein Mißverständnis" seien „die verschwiegenen Verstecke" aufgestoßen worden, in denen sich alle Sinnlichkeit, alles „Verbotene, Schwüle, Ungewisse und Einsame von Törleß' Seele gesammelt hatte" (S. 155). Die Metapher der „verschwiegenen Verstecke" verweist dabei abermals zurück auf die verwinkelte Dachkammer. Offensichtlich ist sie, sofern sie nicht vor allem Beineberg oder Basini zuzuordnen ist, auch ein Bild für die Seele des heranwachsenden Törleß. Auf subtilere Weise als Reiting und Beineberg **hat auch Törleß**, der in der konkreten Situation Verführte, **Basini missbraucht**.

Über das „Verbotene, Schwüle" hinaus entdeckt aber Törleß, selbstbezogen und unruhig fragend, in sich alle Schattierungen von Sinnlichkeit. Er erkennt Sinnlichkeit als seine besondere Gabe (S. 123) und möchte sich darüber klar werden, was sich in ihm vollzieht. „Früher suchte ich hinter all dem etwas", sagt er am Ende zu Reiting (S. 178). Entscheidendes findet er im Gespräch mit Basini heraus.

Die geistig-seelischen Abenteuer des Törleß

Törleß ist rational veranlagt. Zugleich ist er ungewöhnlich empfindsam und sinnlich. Er will und muss entsprechend seiner Natur seinen Weg zur Erkenntnis (induktiv und phänomelogisch unmittelbar) durch die Sinne nehmen.

Die Begriffe „sinnlich" und „**Sinnlichkeit**" im *Törleß* haben dabei ein breites Bedeutungsspektrum: „Sinnlichkeit" meint einmal Sexualität, also Triebhaftigkeit und geschlechtliches Begehren. „Sinnlichkeit" meint aber auch den großen Bereich des

Sensitiven und Ästhetischen und all dessen, was man nicht mit dem reinen Verstand, sondern mit den fünf Sinnen körperlich-seelisch und als innere Ergriffenheit und Bewegtheit erfährt. Dieser Begriff von Sinnlichkeit findet sich bereits in der Epoche der Klassik und wird in Friedrich Schillers *Briefen zur ästhetischen Erziehung* entfaltet. Sinnliche Wahrnehmung ist unmittelbar; sie ist durch den Willen kaum zu steuern: Sie geschieht. Auch das innere Leben: Gesichte und Visionen, Traumbilder, die schöpferische Vorstellungskraft und schließlich die Besonderheit des künstlerischen Denkens und Erkennens gehören dem Bereich der Sinnlichkeit an, ankern zumindest in ihm und stehen in erotisch-lebendigem Bezug zu den Dingen. Nie sind sie reiner Logos, sondern eine Synthese aus Ratio und subjektiver Berührtheit. Offenbar sind für Musil **die sexuelle**, **die sensitive und die geistige Komponente** von Sinnlichkeit innerlich miteinander verbunden, sodass Törleß sich in ihren Verzweigungen verirren kann. Wie diese Komponenten sukzessive ineinander übergehen oder eine die andere hervorbringt, kann man beispielhaft an der Geschehensabfolge von Abschnitt 19 (S. 136–151) nachvollziehen:

- Körperliches Verlangen hatte Törleß an Basinis Bettkante getrieben (sexuelle Komponente).
- In der Kammer aber steht er plötzlich feierlich ergriffen und in zweckfreiem Schauen vor der Schönheit des noch mädchenhaften (androgyn wirkenden) Knabenkörpers. Der Erzähler kommentiert, dass die Schönheit nicht in den Skulpturen der griechischen Kunst, sondern „auf den Wegen der Sinnlichkeit“ zu Törleß gekommen sei (S. 140; sensitive oder ästhetische Komponente, die der Sexualität entspringt).
- Und schließlich führt die Begegnung Törleß am Ende zu einer tiefen Erkenntnis, die abermals seinem Fühlen entspringt. Es gelingt ihm, moralische Formeln aufzubrechen (geistige Komponente).

Dem Bereich des Sinnlichen steht theoretisch die geistige Welt entgegen. Nicht die Sinne, sondern eine abstrahierende Verstandestätigkeit führt darin in kausal-logischen Operationen zu Erkenntnissen. Die Erklärung der Welt in den Wissenschaften ist sicherlich durch empirische Eindrücke ausgelöst, aber sie kann sich als geistiges System ganz vom Kontakt mit der sinnlichen Welt losreißen und selbstreferentiell (selbstbezüglich) werden. Daraus (deduktiv) geschöpftes Wissen hat, so unentbehrlich es auch ist, die Tendenz, zur Formel zu erstarren.

Tiefer als Moral

Kaum hat sich Törleß von seiner Ergriffenheit von der schönen leiblichen Erscheinung Basinis etwas erholt, unterwirft er ihn (in Abschnitt 19, S. 140 ff.) einem Verhör. Seit er sich nicht mehr gegen die Einsicht wehren kann, dass Dinge, Menschen und selbst das Ich instabil und doppelgesichtig in Erscheinung treten und er sie einmal vertraut, dann fremd und verwandelt wahrnimmt, will er herausbekommen, was im Wendepunkt, dem Punkt des Überganges von einem Zustand in den anderen, geschieht. In Basini muss sich seiner Meinung nach das Doppelleben am deutlichsten zeigen, da dieser schließlich „Dieb“ und Kadettenzögling, Kadettenzögling und „Maitresse“ von Beineberg und Reiting ist. Törleß will wissen, was in Basini während der Erniedrigungen vor sich gegangen ist. Er will wissen, was genau das Böse und Schlechte ist und was es aus einem Menschen macht. Er denkt sich weitere Erniedrigungsmöglichkeiten aus, um Basini zum Sprechen zu bewegen (S. 146 f.).

Basini aber weint nur gequält und kann von all dem Kolossalen, das Törleß erwartet, keine Kunde geben. Seine fatalistische Auskunft:

> *ich kann dir nichts erklären; es geschieht im Augenblicke; es kann dann gar nicht anders geschehen; du würdest ebenso handeln wie ich* (S. 148).

Törleß erkennt die Wahrheit dieser hilflosen Sätze. Er erinnert sich, dass aufgrund der gefährlichen Verwandlung von Beineberg und Reiting in der Kammer durch ihn selbst ein Sprung oder Riss gegangen ist. Trotz aller Anstrengung kann er aber auch für sich selbst nicht rekonstruieren, was er in diesem Moment empfunden hat (S. 150). Offensichtlich hat er im Augenblick der Bedrohung ganz ähnlich reflexhaft und gedankenlos einfach nur reagiert wie Basini auch. Und so muss er mit einem „ganz intimen, leisen [...] an das innerste Gleichgewicht rührenden Schmerz" (S. 149) entdecken, dass er psychisch nicht viel anders als dieser moralisch verwerfliche Basini funktioniert.

Dieses schmerzliche Eingeständnis des jungen Törleß, seine Loslösung vom Glauben, dass Gut und Böse sauber unterscheidbare Bereiche des Menschlichen seien, nennt der Autor „**tiefer als Moral**" (ebd.). Eigentlich erübrigt sich nach dieser Zuordnung die große Passage, mit der er in die Zukunft seines Helden vorgreift, die homoerotische Verfehlung entschuldigt und der Welt erklärt, dass kleine Mengen Giftes die Empfindlichkeiten einer ästhetisch-intellektuellen Natur nicht verderben, sondern im Gegenteil schärfen und verfeinern (S. 158–163). Entsprechend dem bürgerlichen Wertekanon ist Basini „verachtenswürdig". Jeder kann ihn folglich so verurteilen und ist mit ihm fertig. Damals, bei Reitings Eröffnung, hatte sich der bestürzte Törleß selbst so geholfen. Es hatte ihn erleichtert, seinen ganzen diffusen inneren Aufruhr in die Formel „Basini ist ein Dieb" (S. 65) gießen zu können; er hatte diesen Satz gleich mehrfach wiederholt, um sich damit die Bewältigung des Problems einreden zu können. Die Formel funktionierte so gut, dass sie in ihrem Schlepptau gleich noch die Forderung nach Basinis Entfernung aus der Schule mit sich führte (ebd.). Vielleicht hat Törleß auch wegen aufkommender Selbstzweifel Basini beim ersten Verhör in der Kammer gezwungen, diese Formel auf sich selbst anzuwenden, um sich das einmal Gesagte abermals als Faktum beglaubigen zu lassen. Aber er hatte von Anfang an gefühlt, dass etwas mit seiner Entrüstung nicht stimmte, dass sein **Etikett für Basini** „nur **Uneigentliches**" und „seine Worte ohne inneren Rückhalt seien und gar nicht seine wirkliche Meinung…" (S. 65).

Die Frage der Aufrichtigkeit vor sich selber und Fragen des moralischen Urteilens treten als **Sprachproblem** in Erscheinung. **Begriffe**, also sprachliche Abstraktionen wie „gut" und „böse", „unschuldig" und „schuldig", „ehrenhaft" und „ehrlos" stehen in fester, sauberer Opposition zueinander und bieten sich als Ordnungsfaktoren und Tranquilizer für gedankliche Skepsis sowie subjektive, emotionale und moralische Verunsicherung an. Das unbestimmte Gefühl lässt sich durch fertige Begriffe beruhigen.

Törleß hat einige Zeit gebraucht, bis er so weit ist, Basini nicht länger mit einem Begriff abzustempeln, sondern dessen inneren Zustand an sich herankommen zu lassen, ihn zu empfinden und in sich selbst zu überprüfen, sodass er entdeckt, dass es etwas gibt, das ihn mit dem anderen verbindet. Er besitzt die **ethische Kraft, das bequeme Moralurteil zu revidieren** und fließende Übergänge zu erkennen. Er ist ausgezeichnet durch sein „**Talent des Staunens**" (S. 34). Diese Eigenschaft befähigt und zwingt ihn, Irritierendes, auch Unwillkommenes und Bedrohliches, genau anzuschauen und daraus sein Bild von der Welt zu gewinnen. Staunend (und auch neugierig darauf, ob etwas ihm Aufschlussreiches dabei herauskommen könnte,) folgt er den Exzessen von Beineberg und Reiting, bis er eines Tages so weit ist, die Barbarei in den Freunden und vermeintlich Wohlanständigen zu erkennen und zu benennen. Mit dem gleichen Staunen musste er registrieren, dass er sich „tatsächlich einer Art Zärtlichkeit für Basini nicht erwehren konnte" (S. 154), obwohl er ihn lieber glatt verachtet hätte. Und obgleich er Basini gering schätzt, steht er plötzlich ergriffen vor der Schönheit des Körpers. Solche **das Vorurteil auflösenden Prozesse** der differenzierenden Selbstorientierung sind schwierig und anstrengend, aber sie sind die Voraussetzung dafür, eine eigene ethische Persönlichkeit zu werden. Was Törleß über die vermeintliche Moralität von Beineberg und Reiting sowie die Unmoral Basinis herausfindet, gleicht im Übrigen der politischen Analyse seines Autors, der über das nationalsozialistische Deutschland festhält: „Deutschland ist nicht an seinen unmoralischen, sondern an seinen moralischen Bürgern zugrunde gegangen. Die Moral wurde nicht unterminiert, sondern sie hat sich als hohl erwiesen" (zitiert nach Roth, S. 70).

Törleß (Mathieu Carrière) vor der Lehrerkommission
(Szene aus der Schlöndorff-Verfilmung)

Als **Volker Schlöndorff** den Roman unter dem Titel *Der junge Törleß* 1966 verfilmte, war ihm – wohl aus der Auseinandersetzung mit dem Dritten Reich heraus – besonders an der ethischen Dimension des Stoffes gelegen. Die Reduktion von Musils Themenvielfalt hat er dabei in Kauf genommen. In der Quintessenz sagt sein Törleß vor der Lehrerkommission:

Ich mußte einsehen, daß es so etwas gibt, daß der Mensch nicht ein für alle Mal geschaffen ist, gut oder böse, sondern wir alle – [...] uns dauernd ändern. Daß wir nur in unseren Handlungen bestehen. Daß wir uns aber so ändern können, wenn wir Folterknechte oder Opfertiere werden, dann ist alles möglich. [...] Dann gibt es keine Mauer zwischen einer guten und einer bösen Welt. Dann gehen beide unmerklich ineinander über. Dann können ganz normale Menschen schreckliche Dinge tun. Die Frage bleibt nur: Wie ist es möglich? Um das zu beobachten, habe ich unsere Sache nicht angezeigt. Ich wollte wissen, wie ist das möglich.[4]

Das lebendige Schweigen der Dinge

Törleß erzählt Beineberg von einem Urerlebnis in seiner frühen Kindheit: Er war noch sehr klein und spielte in der Obhut des Dienstmädchens im Wald. Aber plötzlich merkte er, dass er allein war. Alles war ganz still, und ihm war, als stünden die Bäume im Kreis um ihn herum und sähen ihn an in einem „Schweigen, das wie eine Sprache ist, die wir nicht hören" (S. 31). Törleß verallgemeinert, denn er hat ähnlich eigenartige Augenblicke schon mehrfach erlebt und darin ähnlich empfunden. Aber er kann sie nicht deuten. „Was ist das?", fragt er sich selbst und Beineberg. Er hat keine Sprache für das Erlebte. „Mir ist, als sollte ich etwas erraten", heißt es später (S. 100; vgl. S. 126).

All diesen Augenblicken ist das **Empfinden des Ausgesetztseins**, des Preisgegebenseins und der Einsamkeit gemeinsam. Es sind Augenblicke zeitenthoben intensiven Empfindens einer Stille, in der die Dinge lebendig zu sein und stumm zu sprechen scheinen. Paradox spricht Törleß von den Bäumen als von „leblosen Geschöpfen" (S. 31). Das Kindheitserlebnis im Wald ist grundsätzlich; es ist vorrational und vorbegrifflich. Es bewahrt sich darin etwas vom Urzustand des Menschen, in dem, wie Ethnologen von Naturvölkern berichten, die Grenze zwischen

Ich und Welt oder Nicht-Ich noch offen ist. Musil selbst ist an der Beobachtung solcher Zustände interessiert und notiert: „Es ist, als ob das *innere Wesen* der Dinge darin *unmittelbar erlebt* würde. Die Beziehung zur Intuition, zur Wesensschau der europäischen Mystik liegt nahe“ (Roth, S. 356)[5]. In Märchen klingt etwas davon nach, in denen Menschen die Sprache der Dinge vernehmen oder sich in sie verwandeln. Die deutschen Romantiker und die Symbolisten um 1900 beschäftigen sich mit solchen Erfahrungen eines unmittelbaren Weltzusammenhanges; aber das Kind im Wald war nur erfasst von panischem Schrecken.

Der heranwachsende Törleß ist genötigt, allein auf sich gestellt über den **Zusammenhang zwischen Innen und Außen** und die irreal erscheinende Lebendigkeit einer Welt hinter der üblichen Wirklichkeit nachzudenken. Bald kommt es ihm so vor, als ob er „einen Sinn mehr hätte als die anderen, aber einen nicht fertig entwickelten, einen Sinn, der da ist, sich bemerkbar macht, aber nicht funktioniert“ (S. 126). Er ahnt „ein ernstes Geheimnis und die Verantwortung, mitten in noch unbeschriebene Beziehungen des Lebens zu blicken“ (S. 32), aber solch hochkonzentrierte, kontemplative und offene **Entrückungserlebnisse überfordern ihn** zugleich, sodass er in eher geschlechtlich getönte Fantasien ausweicht (S. 32 f.) und es ihn nach dem Aufenthalt in der Konditorei zu Božena zieht (S. 35). Die „dunklen Schleier der Sinnlichkeit“ (S. 89) senken sich über die Ahnung, dass die vordergründige Wirklichkeit und das eigene Ich unfest und transzendierbar seien. Umgekehrt ergibt sich ihm aus dem Zustand sexueller Erregung heraus etwas wie ein Zugang zu dieser Hintergrundexistenz und „fremden Welt“ (S. 100). Die Unendlichkeitserfahrung im Park ereignet sich, als er versucht, sich von den ihn aufwühlenden Ideengebilden Beinebergs zu erholen. Und die erotisch motivierte Annäherung an Basini hat ihn zur Erkenntnis der Schönheit und einer tieferen Moralität geführt.

Dinge, Vorgänge und Menschen erscheinen Törleß bald vernünftig und alltäglich, „bald von jenem **bilderdurchzuckten Schweigen**" (S. 89), das sich dem intellektuellen Zugriff entzieht. Musil gibt solche Vorgänge in der Seele des Törleß in einer fragmentarisch-asyntaktisch-alogischen Sprache wieder, in der Auslassungspunkte und Striche für das dabei Unaussprechliche und nicht vernünftig zu Ordnende stehen (vgl. S. 77). Die Unmöglichkeit, seine Transzendenzerlebnisse und ebenso die seelischen Erschütterungen im Zusammenhang mit Basini sprachlich zu fassen, also Herr über sie zu werden, bringt Törleß fast um den Verstand, aber was ihn bewegt, ereignet sich als inneres Sehen in einer primären Wesensschicht „**unter den Wurzeln seiner Gedanken**" (S. 71) und der Sprache. Sich anbietende Erklärungen erweisen sich „zu seinem furchtsamen Erstaunen" als oberflächlich, „ohne das Innere bloßzulegen, das Törleß wie mit unnatürlich gewordenen Augen stets noch als zweites dahinter schimmern sah" (S. 90). – Welcher Stelle oder welchem Thema und Motiv auch immer man sich in Musils Roman interpretierend nähert, immer stößt man auf das Sprachproblem und die damit verbundene Erkenntnisnot der Hauptfigur; bei Weitem überlagert im *Törleß* der sprachkritische Erkenntnisdiskurs den Diskurs über Sexualität und Gewalt (vgl. Luserke, S. 22 ff.).

Die Wirklichkeitsverhältnisse kehren sich Törleß gelegentlich um. Die Bäume im Wald standen ernst und schweigend „wie verzauberte Menschen" (S. 89), die Parkmauer scheint sich über Törleß gebeugt zu haben und ihn schweigend anzusehen (S. 93), während Beineberg und Reiting ihm mitsamt ihren Worten und Handlungen wie in perspektivischem Umschlag bei Kippfiguren plötzlich fremd werden (S. 89): Mitunter wirken sie auf ihn, „wie es die leblosen Dinge tuen" (S. 127). Er selbst ist von der **Vorstellung der Marionettenhaftigkeit** nicht ausgeschlossen, wenn es heißt, dass ihn die Sinnlichkeit nachts plötzlich „wie an einem Seile" zu Basini hinzieht (S. 138). Die Verkehrung zwischen Ding und Mensch – die Verdinglichung der Menschen und Verlebendigung und Beseeltheit der Dinge – ist ein Stilzug in der deutschen Lyrik und bildenden Kunst seit der Epoche des Expressionismus, der zum Ausdruck bringt, wie sehr die Ordnungskategorien einer für vernünftig gehaltenen Welt Täuschung sind. Man kann aber auch vermuten, dass für Musil Dinge und Menschen tief innerlich miteinander verwandt sind und darum ihre Plätze tauschen „wie die Sterne, die sich bewegen, ohne daß man es sieht" (Rede zur Rilke-Feier, Werke II, S. 1 240).

Als Törleß sich im Heft, das er „De natura hominum" überschreibt, Rechenschaft über seine Gemütsbewegungen, Gedanken und Wirklichkeitserfahrungen geben will, fixiert er für sich, dass er sich die Lebendigkeit der Dinge nicht einbildet. Er weiß mit Bestimmtheit, dass da „**ein Etwas**", also ein ganz Unbestimmtes, dennoch vorhanden ist, denn: „Ich empfinde sein Dasein; es wirkt auf mich; so, als ob es sprechen wollte". (S. 126) Sein Streben und seine Aufgabe liegen darin, die zeitweilig ekstatischen sinnlich-unmittelbaren Wahrnehmungen und was jenseits des Verstandes liegt in Dimensionen höherer Bewusstheit zu heben und den Bereich des über seelische Vorgänge Sagbaren zu erweitern und zu präzisieren. Was Musil anstrebt, ist weder Gefühligkeit noch Intellektfeindlichkeit, sondern die genauere Erforschung seelischer Vorgänge:

> *Wir plärren für das Gefühl und gegen den Intellekt und vergessen, daß Gefühle ohne diesen – abgesehen von Ausnahmefällen – eine Sache so dick wie ein Mops ist. Wir haben damit unsere Dichtkunst schon so weit ruiniert, daß man nach zwei hintereinander gelesenen deutschen Romanen ein Integral lösen muß, um abzumagern [. . .] Wir haben nicht zuviel Verstand und zuwenig Seele, sondern wir haben zuwenig Verstand in den Fragen der Seele.* (Werke II, S. 1 007)

Die Wissenschaften, auch die Psychologie, befassen sich mit dem Systematisierbaren, sie streben nach Regeln, Gesetzen und Festigkeit. Seelische Vorgänge jedoch sind individuell, unberechenbar und unendlich variabel. Es ist für Musil „das Heimatgebiet des Dichters, das Herrschaftsgebiet seiner Vernunft", sich mit diesem flüchtigen Stoff zu beschäftigen und Vorbilder hinzustellen, „wie man Mensch sein kann, den inneren Menschen zu *erfinden*" (Werke II, S. 1 029). Der Autor scheint seinem jungen Protagonisten eben diese Aufgabe übertragen zu haben: Wenn Törleß damit ringt, das schillernde und unfassbare „Etwas", das zu ihm spricht, zu fassen, so bereitet er sich auf die **Arbeit des Dichters** vor.

Imaginäre Zahlen

Die gesteigerte geistige Wachheit und Erregung sowie der Zustand innerer Gespaltenheit zwischen divergierenden Wahrnehmungs- und Erlebnisweisen treibt Törleß dazu an, nach etwas zu suchen, das die auseinanderdriftenden Anteile seines Wesens verbindet. Dringlich fragt er nach einem **Übergang, einer Schwelle oder einer Brücke** zwischen diesen Welten. Als im Mathematikunterricht die imaginären Zahlen eingeführt werden, ahnt er, dass darin **ein Gleichnis** für seine Bedürfnisse liegt. Ihn fasziniert, dass sogar die verstandesklarste aller wissenschaftlichen Disziplinen – „die Mutter der exakten Naturwissenschaft, Großmutter der Technik" (MoE, S. 40) – mit etwas Irrealem in ihren Grundlagen zurechtkommen muss, mit etwas, was eigentlich gegen den Verstand geht. Er wird nicht müde, Beineberg diese ihn begeisternde Entdeckung zu erläutern: Am Beginn einer Rechnung stehen positive, reale Zahlen, die Quadratwurzel aus minus Eins ergibt einen imaginären Wert, und doch kommt am Ende der Rechnung wieder etwas Reales und Haltbares heraus, als habe etwas, was außerhalb unseres Verstandes liegt, dem Verstand selber ein Schnippchen geschlagen oder ihm zu sich selbst verholfen. Man kann das einfach so als „Denknotwendigkeit" hinnehmen wie der Mathematiklehrer, weil man sich daran gewöhnt hat, dass die Ergebnisse stimmen. Man kann die ganze Mathematik und Logik als uninteressant abtun wie der Esoteriker Beineberg. Aber Törleß stutzt. Er sieht in den imaginären Zahlen so etwas „wie eine Brücke, von der nur Anfangs- und Endpfeiler vorhanden sind und die man dennoch so sicher überschreitet, als ob sie ganz dastünde" (S. 104). – Man kann an dieser Stelle an die Brücke mit ihren rollenden Hölzern zurückdenken, die die reale bürgerliche Welt mit der realen Spelunke Boženas verband (S. 35 f.).

Entsprechendes gilt für die irrealen Zahlen, die eigentlich – als Irrealität – in der Mathematik nichts zu suchen haben sollten. Und die dritte Verwunderlichkeit, die nicht in den Kopf passen will, ist der Satz von den parallelen Linien, die sich im Unendlichen schneiden sollen. Beineberg wittert, so wie später der Religionslehrer, religöse Interessen bei Törleß, als wäre das Imaginäre die unfassliche Seele, die sich dennoch fühlbar zwischen Körper und Geist spanne. Aber darum geht es Törleß nicht. Er sieht vielmehr am Beispiel der Mathematik, dass sogar das ganz auf menschliche, weltliche Logik gegründete System sonderbar unbestimmte Stellen der Durchlässigkeit hat, „durch die man in eine unendliche, unbestimmbare Weite sieht" (S. 115). Logik selbst öffnet sich für **translogische Dimensionen**.

Die Verblüffung über die imaginären Zahlen ermutigt Törleß, etwas mehr Zutrauen zu sich und seiner Wahrnehmungsweise zu haben. Auch die Wissenschaft geht also nicht borniert von der Alleinherrschaft einer einzigen, positiven oder positivistischen Weltsicht aus, sondern wagt sich auf ungesichertes Terrain für ihre kühnen Konstruktionen: Die Vernunft selbst basiert auf etwas sie Transzendierendem. Törleß entdeckt, dass es etwas Übervernünftiges, eine Art Mystik innerhalb der Mathematik selbst gibt.

Rationalität und Logik: der Zollstock des Verstandes

Aufgeregt durch die ihm wichtige Entdeckung der imaginären Zahlen folgt Törleß dem Hinweis des Mathematiklehrers und kauft sich als Taschenbuch **Immanuel Kants** erkenntnistheoretische Untersuchungen über die Vernunft. Er will mehr über die Vernunft erfahren. Das ist nun endlich etwas in seinem Leben, das aus eigenem Antrieb geschieht. Er merkt, dass er ganz von seiner Neigung zu Büchern abgedrängt war und nun wieder zu sich selbst finden wird (S. 111 f.). Er spürt sich selbst. Die Gedanken an die imaginären Zahlen und die damit entdeckte **Lücke im Vernunftsystem** „ließen ihn nicht los, und mit seinem ganzen Körper fühlte er, daß hinter ihnen ein Stück seines Lebens poche" (S. 111). Er räumt auf, verbrennt seine Hefte mit bisherigen poetischen Versuchen und fängt bewusst und voller Vorfreude einen neuen Lebensabschnitt an.

Törleß denkt scharfsinnig und beweglich, es bereitet ihm ein intellektuelles Vergnügen, **„mit dem Gehirn zu turnen"** (S. 30). Er hat Freude an Schlussfolgerungs- und Beweisketten und führt die Gesetze der Logik offensichtlich gern ad absurdum, das bedeutet: bis in Bereiche hinein, in denen ein unsinniges Ergebnis überzeugend aussieht und die Lüge wahrer als das Wahre erscheint (S. 29 f.). Bereits am Beispiel dieser frühen Stelle scheint zumindest auf, dass dergleichen möglich wäre: dass mit den Mitteln der Vernunft – gleichgültig ob auf religiöse, mathematische oder moralische Fragen angewendet – Widervernünftiges produziert werden kann. Törleß spricht hier spielerisch. Dennoch ist in der kleinen Dialogpassage das Bewusstsein dessen angelegt, dass Vernunft auch etwas Windiges, rein Akrobatisches und Äußerliches an sich haben kann.

Mit vielen Worten und dem „Spotte des Vernünftigen" (S. 14) hat Törleß einst seinen Freund, den kleinen Fürsten H., attackiert und zu spät gemerkt, dass dieser etwas besaß, was stimmiger war als Argumente und das „Greif- und Besprechbare" (S. 13).

Mit dem „hölzerne[n] Zollstab des Verstandes" (S. 14) konnte er dessen Wesen nicht ermessen. „Die Größe des Menschen wurzelt im Irrationalen ... Das wirklich Große ist immer unbegründet", konstatiert Musil (nach Roth, S. 366). Törleß hatte zwar eine Ahnung davon, aber er konnte sich noch nicht von ihr leiten lassen.

Die Vorstellung vom „Zollstab des Verstandes" taucht erneut im Zusammenhang mit Törleß' Kantlektüre auf. Törleß hatte erwartet, nun zu Wesentlichem vordringen zu können, aber er bleibt in der peniblen Beweisführung der *Kritik der reinen Vernunft* stecken. Er gibt auf. Ihm ist, „als drehe eine alte, knöcherne Hand ihm das Gehirn in Schraubenwindungen aus dem Kopfe" (S. 113). Die reine Philosophie erweist sich für ihn als Holzweg. Als er von Kant träumt, ist der große Philosoph der Aufklärung zu einem winzigen, wackeligen Figürchen geschrumpft, das dem Mathematiklehrer die Wange tätschelt. Der eigene Weg des Törleß ist nicht der der logischen Systematik, sondern sein **Denken muss Körper und Seele umgreifen**. Er wird sich seiner Sinnlichkeit neu bewusst, die ihn „gegen alle fremde Klugheit", auch gegen die Kants, schützt (S. 123). Er ist also immun gegen nur Angelesenes. Er kann nicht Vorgedachtes in sich anlegen, sondern muss die Geduld haben, Ring um Ring, unentfremdet und nicht überfremdet, aus sich selbst heraus geistig zu wachsen. Auch auf diesem Feld verhält es sich also wie auf dem der Ethik und Moral: Törleß muss die eigene Urteilskraft ausbilden. Indirekt und ironischerweise hat er die Quintessenz der *Kritik der reinen Vernunft* damit sehr wohl, wenn auch auf seine Weise begriffen. Kant fordert das Wagnis des selbstständigen Denkens und treibt seine Philosophie voran bis zu dem Horizont, vor dem die Vernunft kapitulieren muss; er erarbeitet das Begrenzte ihrer Reichweite, und Törleß denkt selbstständig und erfährt, „[d]aß wir mit dem Denken allein nicht auskommen" (S. 192).

Am Ende fühlt er in sich, was ihn an H. angezogen hatte; er scheint aus eigener Kraft auf dem Weg durch die Verwirrung hindurch ein wenig so geworden zu sein, wie es der dank seiner Herkunft unirritierbar wirkende Prinz von Anfang an war. Dezent zieht Musil die Parallele und erinnert noch einmal an den hölzernen Zollstab:

> *Es ist etwas Dunkles in mir, unter allen Gedanken, das ich mit den Gedanken nicht ausmessen* [!] *kann, ein Leben, das sich nicht in Worten ausdrückt und das doch mein Leben ist ...* (S. 196).

Das Versagen der Worte

In der Epoche vor dem Ersten Weltkrieg denkt eine Reihe namhafter Schriftsteller und Philosophen, angeregt von sprachkritischen Überlegungen Friedrich Nietzsches, neu über das Verhältnis zwischen Sprache, Denken und Wirklichkeit nach. Musil hat Friedrich Nietzsche (1844–1900) und Edmund Husserl (1859–1938) gelesen und davon seinem Werk anverwandelt, was ihn besonders überzeugte. Genau in dem Jahr, in dem er den *Törleß* zu schreiben beginnt (1902), erscheint *Ein Brief* von Hugo von Hofmannsthal, in dem der Dichter die fiktive Figur des Lord Chandos die eigene tiefe Sprachkrise und Sprachskepsis verbalisieren lässt. Chandos zerfallen die Worte „im Mund wie modrige Pilze". Während die Fülle der Erscheinungen ihn bezaubert und er – ähnlich wie Törleß – die stumme Sprache der Dinge in sich aufnimmt, wird es ihm unmöglich, ihnen Worte zuzuordnen. Er hat den Eindruck, dass die Sprache sich als Barriere zwischen ihn und die Dinge schiebt und wahre Welterkenntnis verstellt: „Die Worte haben sich vor die Dinge gestellt", schreibt er seinem Adressaten.

Sprachtheoretiker bestätigen, dass das System der sprachlichen Zeichen, zumal die komplexen Begriffe, eine **geistige Zwischenwelt** zwischen Wirklichkeit und Erleben ist. Im sprachlichen Akt der Weltbeherrschung werfen wir „ein **Begriffsnetz** über die Dinge“ (Weisgerber). Unser Denken kann nicht unbefangen (naiv) bei den Phänomenen ansetzen, sondern ist in der sprachlichen Zwischenwelt gefangen und von den Strukturen und Bedeutungsgehalten der Syntax und der Wörter voreingenommen. „Jedes Wort ist ein Vorurteil“, heißt es bei Nietzsche (*Menschliches, Allzumenschliches*). Besonders die Begriffe und Klassifizierungsgebäude der Wissenschaft werden durch die Gleichsetzung des Nichtgleichen gebildet: Sie fassen einander ähnliches zusammen, indem sie individuelle Verschiedenheiten fallenlassen, sie entstehen also durch Vereinfachung, Verallgemeinerung und Abstraktion und dienen auf diese Weise weniger der Erkenntnis des Konkreten und individuell Wirklichen als seiner Unterwerfung unter den menschlichen Ordnungswillen (Nietzsche in: *Wille zur Macht*).

Der *Törleß*-Roman ist auf allen Niveaustufen des Sprechens, Denkens und Erlebens von **Sprachskepsis sowie Sprachkritik** durchzogen, ausgehend vom alltäglich-beiläufigen Gespräch bis hin zur Ausdrucksnot, manifesten Sprachkrise und Sprachlosigkeit der Hauptfigur, die der des Lord Chandos nicht unähnlich ist. Zudem steht neben Törleß der wachsame Erzähler, hinterfragt und korrigiert die sich anbietenden Begriffe und Denkmuster. Er greift zum Beispiel ein, als Törleß sein Empfinden mit dem Begriff „Heimweh“ belegt: „Er hielt es für Heimweh [...]. In Wirklichkeit war es aber etwas viel Unbestimmteres und Zusammengesetzteres“ (S. 10). Oder er stellt richtig, wenn Törleß den Aufruhr in sich als „Gefühl“ deutet: Es war „ganz eigentlich überhaupt kein Gefühl, sondern mehr ein Erdbeben [...]“ (S. 128).

Sprache ist also vermittelt, Gefühl ist unmittelbar. Törleß stolpert oder verstummt da, wo ihn etwas unmittelbar erschüttert oder ergreift. Sobald er nach Worten sucht, um seiner Empfindungen Herr zu werden, weichen diese zurück (S. 77).

Beineberg und Reiting haben kaum Ausdrucksprobleme, denn sie leben oberflächlicher als Wellenreiter ihrer Zeit und bedienen sich der moralischen und sprachlichen Konventionen. Beim Gang durch die engen Gassen sind sie nicht befangen wie Törleß. Beineberg weiß, wie man mit einer Dirne spricht, während Törleß „fad“ und ein Stockfisch bleibt. Und am Ende, als Törleß aus dem Konvikt wegläuft, aus Angst, sich bei einer Befragung nicht verständlich machen zu können (S. 188), spielen Beineberg und Reiting auf der Klaviatur der Moralbegriffe, die die Lehrer gerne hören: Sie verdrehen die Wahrheit, sie heucheln, sie verleumden, sie reden sich heraus ohne Bedenken. Sie sind nicht identisch mit dem, was sie sagen, sondern **sprechen taktisch**, das ist das Erfolgsrezept, mit dem sie später einmal in Führungspositionen aufsteigen werden. Törleß ist zu genau, zu wachsam und moralisch zu hellhörig für falsche Töne. Übersensibel überprüft er den Wahrheitsgehalt und die Haltbarkeit des Gesagten. Aufschlussreich ist die zurückliegende Episode mit dem Vater, die er nicht vergessen kann, weil er, ohne den Grund zu wissen, das Gefühl nicht loswird, gelogen zu haben:

> *Ihm fiel ein, daß er einstens [im Museum], als er mit seinem Vater vor einer jener Landschaften stand, unvermittelt gerufen hatte: o es ist schön, – und verlegen wurde, als sich sein Vater freute. Denn er hätte ebenso gut sagen mögen: es ist schrecklich traurig. Es war ein Versagen der Worte, das ihn da quälte, ein halbes Bewußtsein, daß die Worte nur zufällige Ausflüchte für das Empfundene waren* (S. 91 f.).

Man ruft an Aussichtspunkten oder vor besonderen Bildern im Museum „O, es ist schön!“. Das ist ein Sprachautomatismus, der heute als „super!“ oder „cool!“ dem diffusen persönlichen Empfinden übergestülpt wird. Törleß spürt, ohne es analysieren zu können, dass er in einer geborgten (also uneigentlichen) Floskel gesprochen hat. Er spürt ferner, dass Empfindungen sich verbal kaum vermitteln lassen. Und er schämt sich, den Vater mit seinem standardisierten Ausruf getäuscht zu haben wie mit einem billigen Geschenk.

Empfindsame Erkenntnis

In einem Kommentar zu Törleß' Schlussrede erläutert der Erzähler-Autor selber, dass es **tote und lebendige Gedanken** gebe. Tote Gedanken sind solche, die durch Gebrauch abgegriffen und stumpf geworden sind und uns gleichgültig lassen „wie ein beliebiger Mann in der Kolonne marschierender Soldaten" (S. 194). Sogar ein bestechend logischer Beweis oder etwas so Großartiges wie eine Kant'sche Maxime bleiben kalt, solange sie nur den Intellekt beschäftigen. Erst wenn wir ihre „Wahrheit fühlen", gewinnt sie plötzlich Vitalität, Wärme, Leben und Relevanz.

Der *Törleß*-Roman beruht auf Musils Menschenbild, nach dem über einer tiefen Schicht vorbewussten Lebens und vorbewusster Kommunikation mit den Dingen ein nur schmaler Bewusstseinsstreifen lagert. Wir sind mehr, als wir wissen. Wir haben ein in ständiger Verwandlung und Bewegung begriffenes innerstes Ich. In immer neuem sprachlichen Bemühen variiert Musil diese Vorstellung vom tiefen dunkel-bewegten Seelengrund und dünner Oberfläche. Der Seelengrund gleicht einer Humusschicht, aus der sich der einzelne Gedanke allmählich heraufarbeitet:

> *Eine große Erkenntnis vollzieht sich nur zur Hälfte im Lichtkreise des Gehirns, zur andern Hälfte in dem dunklen Boden des Innersten, und sie ist vor allem ein Seelenzustand, auf dessen äußerster Spitze der Gedanke nur wie eine Blüte sitzt* (S. 194 f.).

Wenn Törleß, fiebrig und ekstatisch, von bunten inneren Bildern überwältigt ist, kehren die sprachlichen Bilder von Tiefe und lichter Oberfläche wieder. Er vergleicht sich mit einem Fischer, „der zwar am Zucken des Netzes fühlt, daß ihm eine schwere Beute ins Garn gegangen ist, aber trotz aller Anstrengung nicht vermag, sie ans Licht [ans Licht des Bewusstseins und damit in das der sprachlichen Benennung] zu heben" (S. 125). Er weiß nicht, ob er krank oder wahnsinnig ist oder Visionen wie ein Heiliger hat, aber er ist überzeugt davon, dass das Unbestimmbare, das er fühlt, kein Hirngespinst, sondern ein Etwas ist.

Das Ich-Modell Musils

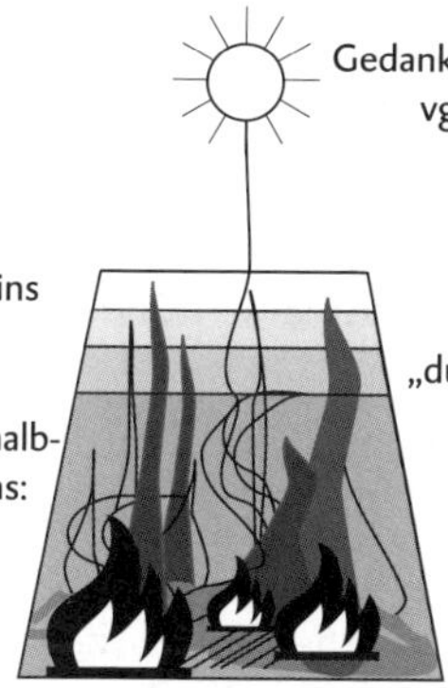

Latent weiß er, dass er – ebenso wie sein Autor – eine **dichterische Begabung** hat, die ihm diese Tiefe eröffnet und nach der Ausbildung einer noch zu findenden Sprache verlangt, die ihre Schätze ins Bewusstsein zu heben vermag. Vorerst geht es ihm noch so, wie **Maurice Maeterlinck** (1862–1949) es in dem Satz beschreibt, den Musil seinem Roman als Motto vorangestellt hat. Mit dem Zitat aus Maeterlicks Essay *La morale mystique* (In: *Der Schatz der Armen*; deutsch ab 1898) weist er also auf das zentrale Sprachproblem hin, auf die **Diskrepanz zwischen Erleben und Erfassen**, zwischen dem Meeresboden oder dem dunklen Boden des Innersten im Menschen und dem Unvermögen, davon hinreichend Kunde zu geben. Auf dem Grund schimmert der Schatz.

Für Musil ist der Dichter der Mittler zwischen den beiden Ebenen, der daran arbeitet, im Netz der poetisch-bildhaften Sprache den Schatz aus der Tiefe zu bergen. Diese Sprache benötigt **Vergleiche** – Musil spricht bevorzugt von **Gleichnissen**, durch die sich jedes Mal neu die Brücke zwischen Sinnlich-Anschaulichem und Begrifflich-Gedanklichem spannt. Jedes Gleichnis ist Bild und Gedanke und umspielt eigentlich Unvergleichbares. An die

Stelle der Logik des Begriffs (der wissenschaftlich-analytischen und begrifflichen Sprache mit ihren Kausalketten) tritt **die Analogie**, **die dichterische Analogik** oder – wie Musil Ulrich, den Mann ohne Eigenschaften, sagen lässt – die „gleitende Logik der Seele“ (MoE, S. 993). Musils überaus bild- und metaphernreiche Sprache ist also nicht Ausschmückung, sondern flexible analytische Sonde im schwankenden, wenig festen Reich des Seelischen. Das Bild oder Gleichnis an sich ist nicht wahr, aber es leuchtet Wahrheiten aus. Für den dichterischen Zugang zur Welt findet Musil den Begriff der „empfindsame[n] Erkenntnis[se]“, den er Törleß in den Mund legt (S. 33). In ihm drückt sich die angestrebte Synthese von Verstand und Gefühl aus. Andernorts spricht er von **„Gefühlserkenntnis“** und einer Art Empfindungsdenken, durch welches „das Flimmern des Einzelfalls“ nicht begrifflich, sondern dichterisch-gleichnishaft zur Anschauung gelange (vgl. Werke II, S. 997 und S. 1 008).

Poetisches Sprechen als Mittler zwischen Erleben und Erkennen

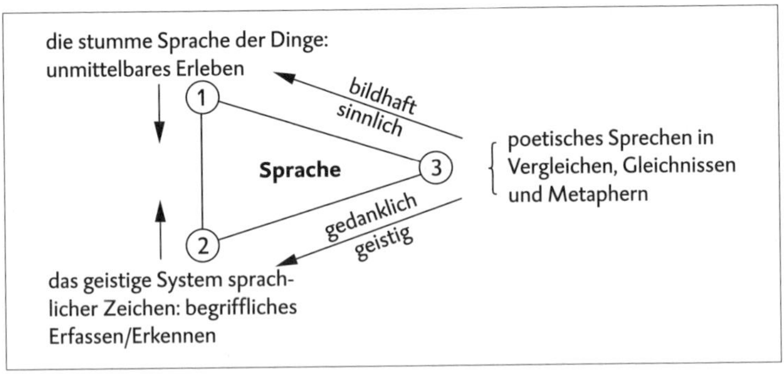

Die „eigentlichen Verwirrungen“ des Törleß, so lässt sich mit gutem Grund behaupten, werden durch die Entdeckung der anderen Dimension des innersten Ich ausgelöst, die sich mit blanker Ratio nicht ausmessen lässt (vgl. Martens, S. 138). Entscheidend für Törleß' **Entwirrung** ist am Ende das Anerkennen seiner

doppelten Wahrnehmung – „[b]ald mit den Augen des Verstandes, bald mit den anderen“ (S. 196). Musil weiß, dass er dem Sechzehnjährigen an dieser Stelle die Sprache der Mystiker gibt, die sein Alter übersteigt. Zum zweiten Mal deutet er an, dass sein junger Held ein Dichter werden wird oder doch auf dem Weg ist, sich in den Anspruch und das poetologische Programm seines Autors einzuüben, denn die Worte der Schlussrede bezeichnet der Autor-Erzähler als „Augenblicke beinahe dichterischer Inspiration“ (ebd.).

Dieses Deutungsergebnis rückt *Die Verwirrungen des Zöglings Törleß* weg vom Schulroman oder dem Schülerdrama Wedekinds. Es stellt ihn in die Tradition von Goethes *Werther* und Büchners *Lenz* und rückt ihn nah heran an *Tonio Kröger*, die Künstlernovelle des jungen Thomas Mann.

4 Interpretation von Schlüsselstellen

Der Romananfang: Bahnstation und Raum (Abschnitt 1, S. 7 ff.)
Musil eröffnet seinen Roman mit der Darstellung des Landschaftsraumes und der kleinen Bahnstation von W. Er schildert eine weite Ebene, durch die schnurgerade parallele Linien schneiden: vier Schienenstränge, begleitet vom schmutzigen Strich, in dem sich der Ruß der Dampflokomotiven niederschlägt, und die breite staubige Straße, flankiert von zwei Reihen staubiger Akazienbäume, die Bahnhof und Stadt verbindet. In abermals zwei Reihen hintereinander werden auf ihr die jungen Kadetten zurückgehen, nachdem der Eilzug mit Törleß' Eltern abgefahren ist.

Es entsteht der Eindruck einer unendlich weit in die Fläche sich ausdehnenden Monotonie. Als imaginärer Fluchtpunkt hinter dem Horizont ist gleich im ersten knappen Satz Russland genannt: Die Bahnlinie verbindet Sankt Petersburg und Wien.

Musil entwirft als Auftakt für den *Törleß* eine technokratisch organisierte Landschaft (vgl. Pott, S. 24). **Die gerade Linie**, die die Landschaft formt, ist etwas Lebloses und Starres. Und so wie der schmutzige Schatten auf dem Kies, so tragen auch die Bäume die Spuren menschlichen Handelns im technischen Zeitalter: Sie stehen „traurig mit verdursteten, von Staub und Ruß erdrosselten Blättern“ zu beiden Seiten der Straße (S. 7). Ähnlich wie auf die Bäume wirkt sich diese Umgebung lähmend auf die natürliche Vitalität der Menschen aus. Die Heiterkeit und Fröhlichkeit der Schulkameraden, die Törleß begleiten, erstirbt: „der Lärm des lustigen Lachens schien [...] zu verstummen, gleichsam an einem zähen, unsichtbaren Widerstande zu Boden zu sinken“ (S. 8).

Musil geht noch einen Schritt weiter. Neben der geraden Linie und dem damals modernen Verkehrsmittel Eisenbahn ist die **exakte Zeitmessung** Kennzeichen der Moderne. Der Erzähler-Autor stellt am Beispiel des Bahnhofsvorstandes dar, wie der

Mensch im Dienst des Fahrplans und der Technik selbst zu etwas lächerlich Mechanischem werden kann, und er spricht es auch deutend aus: „Gegenstände und Menschen hatten etwas Gleichgültiges, Lebloses, Mechanisches an sich, als seien sie aus der Szene eines Puppentheaters genommen.“ (S. 7) Durch Wiederholung und Gewohnheit in langer Amtsführung hat sich der Bahnhofsvorsteher so automatisiert, dass er ein Teil des Apparats geworden zu sein scheint, und so tritt er in immer gleichen Abständen aus seiner Amtsstube, schaut rechts und links die Strecke entlang zu den Signalen, prüft mit immer gleichen Armbewegungen die Zeit auf seiner Taschenuhr, schüttelt den Kopf und verschwindet wieder wie eine der Figuren, die beim Stundenschlag aus alten Turmuhren treten und wieder verschwinden (S. 8). Perfekte Rationalität führt offensichtlich ins Maschinenhafte. Die Verrasterung der Landschaft durch die Linie und die Gliederung von Tag und Nacht durch die Uhr unterwerfen das Lebendige dem Zwang einer mechanischen Ordnung. Andererseits ist es aber gerade das Unregelmäßige, die Unpünktlichkeit des Zuges, die den Stationsvorsteher zur grotesk wirkenden Wiederholung seines Auftritts veranlasst (Co., S. 212).

Noch ist es der auktoriale Erzähler, der den Leser in die Szenerie einführt, denn erst nach der Darstellung des Raumes und nach der Beschreibung des Stationsvorstehers werden die handelnden Personen ins Spiel gebracht (S. 8). Liest man den Romananfang jedoch ein zweites Mal gleichsam von hinten nach vorn, so erkennt man dennoch, dass das Geschilderte bereits aus der Perspektive des Törleß wahrgenommen ist. Es ist Törleß, der darunter leidet, dass im Internat das Leben dem Glockenzeichen, also dem Takt der Uhr, unterworfen ist (S. 21; S. 135 f.). Der Ödnis, Traurigkeit und Monotonie der Landschaft entspricht seine Melancholie in der Phase der Larvenexistenz (vgl. S. 53 ff.). Ihm ist es gegeben, in umspringender Perspektive das Leben der Dinge wahrzunehmen und umgekehrt Menschen zwar lebendig und bedeutsam, aber manchmal auch puppenhaft klein und wie Dinge zu sehen. Der Vergleich mit dem Figurenreigen in alten Turmuhren (wie zum Beispiel an der alten Taynkirche in Prag) weist voraus auf seinen Traum, in dem er Eltern, Freunde, Immanuel Kant und den Mathematiklehrer puppenklein auftauchen und wieder verschwinden sieht. Sie werden Marionetten, so klein, „daß er für sie nichts empfinden konnte“ (S. 120). Bevor dieser Traum ihn umfängt, hat Törleß ein „fahles, unbewegliches Viereck“ beobachtet, das durch den nicht ganz zugezogenen Vorhang auf den Fußboden des Schlafsaales fällt. Der Schatten der aufgedröselten Gardinenschnur kriecht wie ein Wurm in Windungen durch das Viereck (S. 119, S. 121 f.). Für Törleß ist dieses Bild von beängstigender, grotesker Hässlichkeit (S. 119). Aber auch dieses Bild mit seiner geometrischen Grundform und der hässlichen Störung darin nimmt im Kleinen das Bild der geometrischen, flächigen Ordnung der Landschaft und ihrer „Störungen“ wieder auf. Das reißbretthaft Akkurate erzeugt schmutzige Schatten und vom Staub erdrosselte Bäume, die Straße ist an den Rändern konturlos und ausgefahren, der Boden ist zertreten (S. 7); der erwartete Eilzug hat große Verspätung. „Verwischung, Verwirrung also schon hier“ (Co., S. 212).

Musil erzählt nicht eigentlich realistisch. Es geht ihm nicht um die Schilderung der äußeren Wirklichkeit bei W., vielmehr entwirft er einen **Bedeutungsraum**, der verschiedene Auslegungen erlaubt. Für Karl Corino skizziert Musils Anfang „ein Widerspiel von Ordnung und Chaos“ (Co., S. 212), das im Roman insgesamt eine große Rolle spielt. Zunächst korrespondiert aber die triste Umgebung schlicht stimmungsmäßig mit der Tristesse im jungen Zögling Törleß. Törleß fürchtet, dass auch seine Zukunft, ähnlich wie das Leben des Bahnhofsvorstehers, vom mechanischen Zwang zur Wiederholung bestimmt sein wird, denn er erkennt die Gleichnishaftigkeit des Raumes und der Bilder, ihre Ähnlichkeit mit den Erziehungszielen im Konvikt:

> *Törleß sah nicht rechts noch links [. . .]. Schritt für Schritt trat er in die Spuren, die soeben erst vom Fuße des Vordermanns in dem Staube aufklafften, – und so fühlte er es: als ob es so sein müßte: als einen steinernen Zwang, der sein ganzes Leben in diese Bewegung – Schritt für Schritt – auf dieser einen Linie, auf diesem einen schmalen Streifen, der sich durch den Staub zog, einfing und zusammenpreßte.* (S. 20)

Zugleich repräsentiert die erste Szene gerade die Verfasstheit, aus der er sich, indem er Stufe um Stufe Sehgewohnheiten, erstarrte Moralsätze und Schematismen des Sprechens und Denkens durchbricht, am Ende befreien kann. Statt in die Fußstapfen des Vordermanns zu treten wie in der Kolonne marschierender Soldaten (vgl. S. 194), wird er seinen eigenen Weg finden, „lebendige Gedanken" zu denken wagen und sich den „Möglichkeitssinn" (MoE) bewahren, der die Einengung durch nur eine Wirklichkeit sprengt und die Wahrnehmungsoberfläche durchdringt. In Abschnitt 8 taucht noch einmal das Bild der Parallelen als Inbegriff einer verstandeskontrollierten Welt auf. Das Gegenbild verweist auf den Bereich des Organischen: Es sind Törleß' Erinnerungen, „aus denen wie fremde Blüten seltsame Gedanken wuchsen" (S. 90). Bahnstation und Umgebung stehen als sterile Raumstrukturen lebendigen Räumen gegenüber: dem Wald (des Kindheitserlebnisses), dem Garten (bei der Konditorei), und vor allem dem Park in den Mauern des Konvikts. Der von Bahnhofsuhr und Fahrplan beherrschten Wirklichkeit setzt Musil mit Augenblicken der Zeitlosigkeit für Törleß die Wirklichkeit des „anderen Zustands" (MoE) entgegen.

Das Unendliche des Himmels (Abschnitt 8, S. 87 ff.)

Was im Kapitel zu den geistigen Abenteuern des Törleß differenziert dargestellt wurde, sammelt sich und kulminiert in dem Augenblick, als dem jungen Törleß plötzlich das Unendliche des Himmels unmittelbar aufgeht. Die Aufregung nach Beinebergs

Ausführungen zur Zweckdienlichkeit Basinis (Abschnitt 7) und Törleß' besondere geistige Veranlagung verbinden sich darin. Zudem kehrt das Sprachproblem, auf das Törleß gestoßen war, in dieser Episode in äußerster Brisanz wieder. Es ist kein Zufall, dass Musil alle anderen ähnlich visionären Augenblicke seines Helden noch einmal mit seiner neuen Unmittelbarkeitserfahrung verknüpft (S. 89 ff.). Die spätere Bedeutung der imaginären Zahlen für Törleß (Abschnitt 11–13) ist hier (in Abschnitt 8) motiviert.

Törleß' Fühlen und Denken kreist um Basini, den er sich doppelt, mit zwei Gesichtern vorstellt (S. 85). Er will Klarheit in seine Empfindungen bringen, darum fühlt er sich, statt Reitings und Beinebergs Plänen zu folgen, „jetzt zum ersten Male voll auf sich selbst konzentriert" (S. 86). Der Weg in den Park, weg von den anderen, ist also als emanzipatorischer Akt auf dem Weg zu sich selbst zu verstehen.

Ganz in Gedanken wirft sich Törleß im Park neben der Konviktmauer ins herbstliche Gras, als er plötzlich wie zum ersten Mal im Leben bemerkt, wie tief (oder hoch) der Himmel ist. Überrascht und mit aller Willenskraft treibt er seinen Blick immer weiter in diese blaue Tiefe zwischen den Wolken hinein. Er will sie ausloten, aber sie weicht ins immerfort noch Tiefere zurück. Er bohrt seinen Blick in diesen Abgrund über sich, aber kann ihn nicht fassen und ergründen. Er erschrickt. In unmittelbarer Anschauung stürzt er gleichsam in das hinein, was ein Begriff als **Unendlichkeit** bezeichnet:

> *Und nun durchzuckte es ihn wie mit einem Schlage, daß an diesem Worte etwas furchtbar Beunruhigendes hafte. Es kam ihm vor wie ein gezähmter Begriff, mit dem er täglich seine kleinen Kunststückchen gemacht hatte und der nun plötzlich entfesselt worden war. Etwas über den Verstand Gehendes, Wildes, Vernichtendes schien durch die Arbeit irgendwelcher Erfinder hineingeschläfert worden zu sein und war nun plötzlich aufgewacht und wieder furchtbar geworden. Da, in diesem Himmel, stand es nun lebendig über ihm und drohte und höhnte.* (S. 88 f.)

Unbekümmert wie alle anderen hatte Törleß im Mathematikunterricht mit der Größe „das Unendliche“ gerechnet, so wie wir alle mit Worten und Begriffen wie mit schon lange bewährtem Handwerkszeug hantieren. Weil es im operativen oder kommunikativen Zusammenhang funktioniert, machen wir uns wenig Gedanken darüber, welche Bedeutungen einmal darin eingeschmolzen oder zusammengepresst worden sind. Ähnlich wie beim Begriff des Imaginären springt für Törleß aber in einem Augenblick innerer Bewegtheit der **Begriff „Unendlichkeit“** auf wie die Büchse der Pandora. Seine radikal inkommensurable – mit dem Verstand nicht zu verkraftende – **Bedeutung** tritt hervor und dehnt sich gleichsam grenzenlos und überwältigend in ihm aus. Törleß versucht der Wucht des Erlebten rational standzuhalten und gerät doch in einen Strudel von Verwirrung (S. 90). Er begreift, dass erklärende Worte nur die äußere Hülle, nicht aber das Wesen und Geheimnis der Dinge benennen. Grundsätzlich erkennt er, dass **Erfassen und Erleben unidentisch** sind. „Wie mit unnatürlich gewordenen Augen“ (ebd.) sucht er hinter der Worthülle den Grund, der sich ihm entzieht. Er erinnert sich, dass ihm solches Sehen immer wieder einmal zugestoßen ist. Ihm fällt in diesem Zusammenhang auch das vielsagende Lächeln wieder ein, mit dem der kleine Fürst sich von ihm abwandte (S. 91). Auch im Menschen gibt es also die stumme Sprache, die aus Schichten aufsteigt, in die Worte nicht reichen.

Stärker als je zuvor ist Törleß angesichts des Himmels in Zonen geraten, in die der Verstand nicht folgen kann. Beineberg wird später im Zusammenhang mit den imaginären Zahlen von unserem „armen Verstand“ (S. 166) sprechen und Törleß belehren, dass unser Wissen qua se lücken- und inselhaft sei, dass wir denkend nicht etwa auf festem Boden stehen, sondern ständig wie Schlafwandler über **Löcher und Abgründe** hinweggehen. Was wir erfassen, seien lediglich „Bruchstücke, die in einem unergründlichen Ozean treiben“ (ebd.); die meisten Menschen registrierten das zu ihrem Selbstschutz nur nicht. Törleß aber hat gleichsam seinen Blick in diesen unergründlichen Ozean hineingesenkt. Wegen dieser einmal erblickten Abgründigkeit drängt es ihn so sehr, Verbindungsglieder, **Brücken** von Wissensinsel zu Wissensinsel über diese Abgründe hinweg zu suchen. In den irrationalen Zahlen glaubt er sie gefunden zu haben, denn diese Zahlen gehören nicht dem unendlichen Sein an, sondern, obgleich eigentlich widervernünftig, dennoch dem System des menschlichen Geistes: der Mathematik. Beinebergs Fatalismus will er also nicht teilen oder akzeptieren. Vorerst aber empfindet er nur seine Nichtigkeit:

> *Der Himmel schwieg. Und Törleß fühlte, daß er unter diesem unbewegten, stummen Gewölbe ganz allein sei, er fühlte sich wie ein kleines lebendes Pünktchen unter dieser riesigen, durchsichtigen Leiche.* (S. 92)

In der Mauer neben sich hört er ein Rieseln. Sie scheint sich über ihn zu beugen und unheimliches Leben in sich zu haben. Und wie die Mauer und das Himmelsgewölbe ihm zum Versteck am helllichten Tage geworden zu sein scheinen (S. 93), sieht Törleß wie in mikroskopischer Verkleinerung und Wiederholung neben sich, wie breite Huflattichblätter sich „zu phantastischen Verstecken" über Schnecken und Würmer breiten (ebd.).

Dass ein junger Mensch sich ins Gras gebettet hat, den Blick vom unendlichen Himmel bis zu den Würmchen und Käfern im Gras neben sich führt, sich innerlich erhoben und zugleich wie vernichtet fühlt, weil er nicht auszudrücken vermag, was ihn bewegt, gibt es schon einmal in der deutschen Literatur. Zweifellos ist Musil mit dem Brief vom 10. Mai im ersten Teil der **„Leiden des jungen Werthers"** vertraut (Neubauer, S. 106, weist auf den Einfluss des *Werther* auf Musil, vor allem aber auf den Chandos-Brief Hofmannsthals hin). Auch Goethe kannte ein inneres Schauen, ein Schauen mit der Seele. Während aber Werther seine Seele „als Spiegel des unendlichen Gottes" empfindet, schweigt der Himmel über Törleß. Gott ist tot, eine „riesige[n], durchsichtige[n] Leiche“. Bewusst hat Musil sich vom metaphysischen Bezugsrahmen der idealistischen Literatur getrennt.

Die Sängerin (Abschnitt 16, S. 129 ff.)

Dem Erschrecken von Törleß angesichts der Unendlichkeit des Himmels stehen Augenblicke der Glückserfahrung gegenüber. Der bedeutendste liegt allerdings schon weiter zurück und taucht als Erinnerung wieder auf: Während seines Klärungsversuches im Klassensaal (Abschnitt 16) fällt Törleß ein, wie verliebt er einmal während der Ferien in eine Opernsängerin war. Die kleine Episode wird in den Interpretationen des Romans in der Regel übergangen, und doch ist sie in vielfacher Hinsicht aufschlussreich. Sie charakterisiert bereits den jungen Törleß als eine jener „ästhetisch-intellektuellen Naturen“, zu denen der Autor den erwachsenen Törleß zählt (S. 158). Sie zeigt eine Variante der spezifischen Sinnlichkeit von Törleß, sodass sich von ihr aus die Neigung zu H. und die zu Basini als je unterschiedliche Farben eines Spektrums erkennen lassen. Und die Bedeutung dessen, was für Musil „Inspiration“ heißt, tritt in Törleß’ Verarbeitung der Ferienepisode vielleicht deutlicher zutage als an anderen Stellen des Romans.

Törleß erinnert sich: Er war mit seinen Eltern in den Ferien in Italien. Im Theater nahe ihrem Hotel gab man Abend für Abend dieselbe Oper, und Törleß hörte Abend für Abend vom offenen Fenster aus zu. Ihm übertrug sich

> *die Leidenschaft der Melodien wie Flügelschläge großer dunkler Vögel, als ob er die Linien fühlen könnte, die ihr Flug in seiner Seele zog. Es waren keine menschlichen Leidenschaften mehr, die er hörte, nein, es waren Leidenschaften, die aus den Menschen entflohen, wie aus zu engen und zu alltäglichen Käfigen.* (S. 130)

Augenblicke inneren Glücks

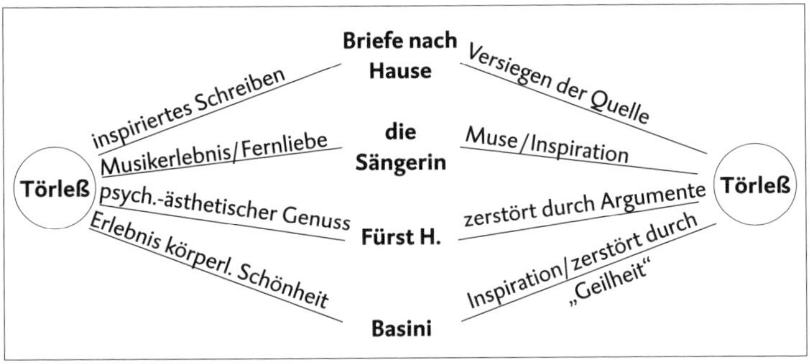

Alle Probleme des Wissens, des Verstandes, der Sprache und der trügerischen Oberfläche des Wirklichen, die Törleß im Park unter dem Himmel gequält haben, entfallen in diesem Erlebnis. Er weiß nicht, wer der Komponist der Oper ist, wie sie heißt und wovon sie handelt; er spricht nicht Italienisch, versteht also den Text der Arien nicht. Er sieht keine Bühne, kennt die Namen der Mitwirkenden nicht und sieht auch nie die Sängerin, in die er über die Maßen verliebt zu sein glaubt. Törleß erlebt also die Musik, die an sich als die reinste und geistigste der Künste gilt, losgelöst von inhaltlichen Schlacken. Ihn bewegt die pure (absolute) **Musik**, die ihn gleichsam unmittelbar in die Bedeutungsdimension hinter der materiellen Wirklichkeit trägt.

Aber ein eigenartiges Umschlagen der Dimensionen geschieht auch hier, denn Törleß erlebt die Melodien sinnlich. Die Gesangsstimme materialisiert sich ihm in Bildern oder bildkräftigen Vergleichen: Er empfindet sie wie Flügelschläge großer dunkler Vögel; sie ruft in ihm Vorstellungen an Augen hervor, die wie Spiegel tiefer Brunnen leuchten, und es ist Törleß, als wäre seine Seele ein vom Flügelschlag der Töne leibhaftig gravierter Stoff, sodass Geistigkeit und sinnliches Empfinden in diesem Erleben ununterscheidbar werden. Er wagt es nicht, sich die zu dem Gesang gehörigen Sänger und Sängerinnen als Personen vorzustellen, weil es ihm so vorkommt, als seien sie in ihren Arien ins unfassbar Große über sich selbst hinausgewachsen.

Da Törleß seinem Gefühl für eine der Gesangsstimmen (vermutlich jener der Primadonna) den **Begriff „Liebe“** zuordnet, greift der Autor-Erzähler – wie schon in früheren Fällen (S. 10; S. 128) – erklärend ein: Der junge Törleß habe recht eigentlich nicht eine junge Frau, sondern „unter dem Namen jener ihm unbekannten Schauspielerin“ (S. 130) die Kraft der Leidenschaft geliebt, zu der Menschen, sich selbst transzendierend, in der Kunst fähig sind. Er hat also seine Begeisterung für den Gesang und das sich in ihm ausdrückende menschliche Vermögen zur Kunst für Liebe gehalten. Ganz ähnlich hatte er als Zwölfjähriger den kreativen Impuls für seine glühenden Briefe nach Hause für Heimweh gehalten (S. 9 ff.).

Törleß, der an dem stumpfen Einerlei und dem abgestandenen Geist des Schulbetriebes fast verzweifelt, hat also schon vor dem sechzehnten Lebensjahr – seinem Alter während der Romanhandlung – erfahren, dass es **Momente gesteigerten Lebens** gibt. Symbolische Bedeutung hat in der „Italienepisode“ der Standort des Zuhörers am offenen **Fenster**: Es ist ein Standort zwischen Nähe und Distanz. Er erlebt akustisch und körperlos eine Art Fernliebe, die ihn seelisch prägt und als Schlüsselerlebnis in ihm aufbewahrt bleibt. Als es ihm, während er im Klassensaal darüber nachdenkt, wieder voll vor der Seele steht, geht ihm urplötzlich das Exemplarische daran auf, sodass er sich – generalisierend – fragt:

> *Sind auch die Erwachsenen so? Ist die Welt so? Ist es ein allgemeines Gesetz, daß etwas in uns ist, das stärker, größer, schöner, leidenschaftlicher, dunkler ist als wir? Worüber wir so wenig Macht haben, daß wir nur ziellos tausend Samenkörner streuen können, bis aus einem plötzlich eine Saat wie eine dunkle Flamme schießt, die weit über uns hinauswächst?* … (S. 130)

Wie nirgends sonst im ganzen Handlungszusammenhang des Romans wird sich Törleß, indem er die in ihm aufgestiegenen Fragen bejaht, einer Lebensmöglichkeit jenseits des Alltäglichen bewusst. Auch während des Briefeschreibens war er in einer Art „höhere[r] Seligkeit" (S. 11) geborgen gewesen, aber damals war er sich dessen noch nicht bewusst. Jetzt ist seine intellektuelle Entwicklung so fortgeschritten, dass er die Empfindungen reflektieren kann. Und so bejaht er, dass Menschen in einen beseligenden Zustand eintreten, sich verwandeln und über sich hinauswachsen können. Seine Augen glänzen, denn die eigene Intuition hat ihn diese Möglichkeit gerade erfahren lassen. Er kommt sich vor wie ein Heiliger, der himmlische Visionen hat (S. 131). In früheren Zeiten hätte man angesichts des sich ihm plötzlich auftuenden Menschenbildes vermutlich von „Offenbarung" gesprochen; aber die Eingebung kommt ihm nicht von oben, sondern sie resultiert, wie Musil mit dem Begriff der **Intuition** präzisiert, aus seinem Gemütszustand: Sie ist, wie er später bildhaft sagt, die Blüte auf der äußersten Spitze des aus dem Innern aufsteigenden Gedankens (S. 195).

In der kleinen Episode von der italienischen Sängerin verdoppelt Musil das Erleben von Törleß. Der Erinnerung (Absatz 1 und 2) folgt die gedankliche Verarbeitung des Erinnerten (Absatz 3). Interessant dabei ist die Kongruenz der **Bilder** (Vergleiche). Mit dem Bild der „dunklen Flamme" ist die Erregung des Jungen am Fenster in Italien charakterisiert und ebenso die Aufregung des Törleß im Klassensaal während seines intuitiv erfassten Menschenbildes. Neben das sprachliche Paradox der „dunklen Flamme" stellt Musil das Bild der „dunklen" Vögel mit „schwarzen" Flügelschlägen und das der Augen, die wie Spiegel „tiefer" Brunnen „leuchten". Die Sprache des Epikers wird hier lyrisch; die Wahl der Sprachbilder erinnert daran, dass Musil zur Zeit des Jugendstils schreibt. Vor allem aber weist der Autor durch die **Verbindung von Dunkelheit und Glanz** in ihnen darauf hin, dass Kunst und Intuition aus der Synthese von dunkel-sinnlichen Gemütskräften und heller Geistigkeit entspringen oder – genauer – aus dem Umschlag von Leidenschaftlichkeit und Verstand in Geist. Er führt dazu in seinen theoretischen Schriften aus:

> *Mit seinen Ansprüchen auf Tiefe, Kühnheit und Neuheit beschränkt es [das Denken] sich vorläufig noch auf das ausschließlich Rationale und Wissenschaftliche. Aber dieser Verstand frißt um sich und sobald er das Gefühl erfaßt, wird er Geist. Diesen Schritt zu tun, ist Sache der Dichter.* (Werke II, S. 1 008 f.)

Seit den antiken Philosophen wird die Liebe zum Schönen und der Bereich des Ästhetischen und Künstlerischen insgesamt als Verbindung des Psychischen, Erotisch-Sinnlichen mit dem beweglichen Geist des Menschen gedacht. Logik und reine Ratio scheinen dabei kaum eine Rolle zu spielen. „Denn die Schönheit [...], nur die Schönheit ist göttlich und sichtbar zugleich, und so ist sie denn also des Sinnlichen Weg, ist [...] der Weg des Künstlers zum Geiste", heißt es im *Phaedros* des Sophokles (zitiert nach Thomas Mann in: *Tod in Venedig*). Törleß, dessen sinnliche Veranlagung „verborgener, mächtiger und dunkler gefärbt war als die seiner Freunde" (S. 22), ist überaus empfänglich für **das Schöne** und das Geistige darin. Dreimal ist er davon ergriffen, und jedes Mal spricht der Autor-Erzähler davon in Bildern, die er dem **Bereich des Heiligen und Religiösen** entnimmt: Angesichts der seelischen Stimmigkeit des kleinen Fürsten „fühlte er [Törleß] sich etwa wie in einer abseits des Weges liegenden Kapelle" (S. 14). Mit körperlicher Schönheit ist er überraschend konfrontiert, als Basini plötzlich nackt vor ihm steht. Erotik, „eine weiche, lüsterne Schmeichelei" (S. 140) geht davon aus. „Und doch war etwas daran, das zum Händefalten feierlich und bezwingend war" (ebd.) und somit jenseits der Begierde. Als in Erinnerung an die italienische Oper ihn eine neue Vision vom Menschen durchzuckt, kommt er sich vor wie ein Heiliger

(S. 131). Die erotisierende Anschauung des Schönen oder, wie im italienischen Erlebnis, eine Art leidenschaftlich-ätherischer **Fernliebe** kann also zum schöpferischen Stimulus oder zur Quelle der Inspiration werden. Törleß hatte es so arrangiert, dass er von weitem Basini im Blick hatte, als er sich vornahm, Rechenschaft über sich selbst zu geben (S. 124, S. 127; vgl. S. 176). Die Gegenwart Basinis ruft in ihm die Erinnerung an jene ganz andere Liebe zur unbekannten Sängerin herauf, die ihn wiederum in eine Art Tagtraum und Ekstase emporträgt, während der es in seinem Inneren „wie ein Licht zu sprühen" scheint (S. 131). Es folgt Ernüchterung:

> ----- *dann brach ein aschgrauer Regen über seine Augen, und der bunte Glanz in seinem Geiste erlosch.* ---- (ebd.)

Die grafischen Zeichen, die Musil setzt, deuten an, dass nicht alles sagbar ist, was hier geschah, und wohl auch, dass das Erlebte nur allmählich in Törleß ausklingt. Entscheidend ist aber nicht die Ernüchterung, sondern die Erfahrung des entrückten, zeitlosen Augenblicks, des anderen Zustands, der im Zentrum des Hauptwerks, im *Mann ohne Eigenschaften,* als „taghelle Mystik" vertieft und ausführlich entwickelt ist.

Wirkungsgeschichte

Als die *Verwirrungen des Zöglings Törleß* 1906, flankiert von Alfreds Kerrs gründlicher Würdigung, auf den Markt kam, war die Resonanz groß. In kurzer Zeit erlebte das schmale Buch fünf Auflagen.

Der *Törleß* wirkte als **Sensation**, man las ihn als Aufklärungsbuch, als Pubertäts- und Schulroman, als Beichte und Jugendbekenntnisbuch oder fand darin ungenießbare Überspanntheiten, krankhafte Auswüchse und Satansmessen.[6] Literarisch bedeutend war freilich, dass man den **Stil des Werkes als epochemachend**, als den Beginn expressionistischer Prosa feierte. Kerr entdeckte in Musil einen „nach Einsicht grabenden, tapferen Geist“ (Erläuterungen, S. 88), andere verwiesen auf Musils differenzierende Psychologie und sahen den Wert des Romans „in dem Sehen von noch nicht gestalteten Zusammenhängen, in dem Erleben ungewöhnlicher, wilder Seelenzustände“ (Erläuterungen, S. 96). Man registrierte verwundert die ganz sachliche Erzählweise Musils. Das Buch enthalte nicht die leiseste Polemik gegen reaktionäre Anschauungen, es karikiere nicht, trete für nichts ein, habe gar keine Tendenz, sondern finde auch für das Chaotische und Perverse den „treffenden kühl-plastischen Ausdruck“ (Erläuterungen, S. 96).

Mit Beginn des Ersten Weltkrieges ließ die Beschäftigung mit dem *Törleß* nach. Während des allmählichen Bergrutsches hin zum Nationalsozialismus wurde der Roman als „Fallsammlung für psychiatrisch Interessierte und für Kriminologen“ empfohlen (Erläuterungen, S. 105).

Eine systematische Musil-Forschung setzt in den 50er-Jahren mit dem Erscheinen der von Adolf Frisé besorgten Werkausgabe ein. Als **1978** diese Werkausgabe auch als neunbändige Taschenbuchausgabe zugänglich wird, erlebt Musils Werk so etwas wie eine **Renaissance**. Die Forschung konzentriert sich zunächst vor allem auf das Erkenntnis- und Ausdrucksproblem des jungen Törleß (Borsthaus und Stopp). In den 70er- und 80er-Jahren tritt das Thema der Homosexualität und pubertären Sexualität in den Vordergrund. Akzentuiert wird nun die sozialpsychologische Dimension in der Verschränkung von Sexualität und Macht: Im *Törleß* „werden jene Herrschaftsmechanismen im sozialen wie im sexuellen Umgang miteinander eingeübt, die später im Leben Handlungen definieren, die Adorno mit dem Begriff des autoritären Charakters belegt hat" (Pott; Luserke).

Die Erfahrung des Nationalsozialismus und die Aufarbeitung dieser Erfahrung bestimmt bis heute nachhaltig die Lektüre des *Törleß*. Für den Germanisten Walter Jens, der in seiner Jugend selbst Mitglied der NSDAP war, ist Törleß der „erste moderne Mensch in der deutschen Literatur". In seiner Studie *Sadistische Spiele auf dem Dachboden* (1962) begründet er das mit der Gleichzeitigkeit von „Kälte und Romantik, Nüchternheit und Rausch" in Wesen und Haltung des Helden. Geschildert sei die Geschichte eines Quasi-Mordes aus der Perspektive des Ästheten, der sich gedanklich unbedingt, moralisch aber neutral verhalte. „Törleß, aus dem alles werden kann, ein hellsichtiger Aufklärer am Rande des Abgrunds, aber auch ein Faschist" (Erläuterungen, S. 140). Die von Jens gesehene **Ambivalenz des Törleß** beeinflusst die international beachtete **Verfilmung** des Romans durch den 26-jährigen Regisseur **Volker Schlöndorff**. *Der junge Törleß* (1966) erspielt dem deutschen Nachkriegsfilm neues Ansehen. Einerseits zeigt Schlöndorff in hochästhetischen Bildern die Melancholie des Helden sowie die Abgesperrtheit und Enge des Internats, andererseits ist es Schlöndorffs erklärte Absicht, die politische Parabel, den sadistischen Herrschaftsanspruch der Jugendlichen, zu verdeutlichen.

Zum 100. Geburtstag des an sich handlungsarmen Romans entstanden nun, auch wenn man sich das kaum vorstellen kann, zwei **Theaterfassungen** des Stoffes. 2005 fand in Salzburg die Premiere statt, in der ein tschechisch-deutsches Ensemble die *Verwirrungen des Zöglings Törless* gab (Regie: Dušan David Parizek). Das recht statisch dargebotene Stück ist aktuell in den Kammerspielen Berlin zu sehen. Božena und Basini sind darin mit Prager Schauspielern besetzt, die mit ihrem weichen slawischen Akzent den deutschen „Herrenmenschen“ Reiting und Beineberg gegenüberstehen. Herausgehoben ist abermals die faschistoide Tendenz der Täter; zugleich intendierte der tschechische Regisseur wohl einen Beitrag zur EU-Osterweiterung. Das Hamburger Schauspielhaus verlagert in seiner Inszenierung *Törleß* (Premiere im Juni 2007, Regie: Kristo Šagor) die Handlung von der Dachkammer in die eiskalt gekachelten Waschräume des Internats und bietet abermals einen Beitrag zu Gewaltdebatte und Neonazismus.

Literaturhinweise

Verwendete Buchausgabe

Die Verwirrungen des Zöglings Törleß, 55. Auflage, Rowohlt Verlag, Reinbek 2006

Werkausgabe in drei Bänden, herausgegeben von Adolf Frisé

I: Robert Musil, *Der Mann ohne Eigenschaften* in zwei Bänden, Rowohlt Verlag, Reinbek 1978 (überarbeitete Fassung der ursprünglich einbändigen Ausgabe von 1952 ff.); zitiert als: MoE

II: Robert Musil, *Prosa und Stücke, Kleine Prosa, Aphorismen, Autobiographisches, Essays und Reden, Kritik.* Rowohlt Verlag, Reinbek, erweiterte Neuausgabe Mai 2000
(darin enthalten: *Törleß, Drei Frauen, Nachlass zu Lebzeiten*); zitiert als: Werke II

III: Robert Musil, *Tagebücher in zwei Bänden,* Rowohlt Verlag, Reinbek, neu durchgesehene und ergänzte Auflage September 1983; den zweiten Band füllen Anmerkungen, Anhang und Register; zitiert als: Werke III

Werke in Taschenbuchausgaben

Drei Frauen, mit einem Nachwort von Adolf Frisé, 49. Auflage, Rowohlt Verlag, Reinbek 2005

Nachlass zu Lebzeiten, 24. Auflage, Rowohlt Verlag, Reinbek 2004

Ausgewählte Sekundärliteratur

HERIBERT BORSTHAUS: *Die Entwicklung einer Idee – Untersuchungen zu Gehalt, Struktur und Stil in Robert Musils Roman „Die Verwirrungen des Zöglings Törleß"*, Diss. Würzburg 1969

Die erste große Arbeit zum *Törleß.* Detaillierte werkimmanente Untersuchungen zu Musils Stil, Sprache und Motivik.

KARL CORINO: *Robert Musil. Leben und Werk in Bildern und Texten.* Rowohlt Verlag, Reinbek 1988; zitiert als: Co. Bildband

500-seitige, umfangreiche Materialsammlung zu Musils Leben und dessen Verankerung in der Epoche. Besondere Qualität erreicht der Band durch die ausführlichen Zitate aus Musils Romanen, Briefen und Tagebüchern, die als Textspalte die Bilder begleiten.

KARL CORINO: *Robert Musil. Eine Biographie.* Rowohlt Verlag, Reinbek 2003; zitiert als: Co.

Die an Sachkenntnis kaum zu überbietende Biografie und Werkinterpretation; unentbehrlich bei wissenschaftlicher Beschäftigung mit Musil.

WILFRIED BERGHAHN: *Robert Musil in Selbstzeugnissen und Bilddokumenten.* Rowohlt Verlag, Reinbek 1973 ff.; zitiert als: Berghahn

Berghahn nähert sich seinem Gegenstand unkonventionell und urteilssicher. Seit der ersten Auflage (1963) bis heute erhellend und auch für Schüler gut lesbar.

BERNHARD GROSSMANN: *Robert Musil, Die Verwirrungen des Zöglings Törleß.* 3. Auflage, Oldenbourg-Schulbuchverlag, München, 1997; zitiert als: Großmann

RENATE V. HEYDEBRAND (Hrsg.): *Robert Musil.* Wege der Forschung. Wiss. Buchgesellschaft Darmstadt 1982 (darin: Elisabeth Stopp: *Musils „Törleß": Inhalt und Form*; S. 207–250; Jacqueline Magnou: *Törleß – Eine Variation über den Ödipus-Komplex? Einige Bemerkungen zur Struktur des Romans*; S. 296–318); zitiert als: WdF

In der angesehenen Reihe *Wege der Forschung* sind Aufsätze zu verschiedenen Forschungsansätzen zusammengestellt. Orientierend für Studenten.

MATTHIAS LUSERKE: *Robert Musil.* Sammlung Metzler, Stuttgart 1995; zitiert als: Luserke

(Luserke ist gegenwärtig Vorsitzender der Internationalen Musil-Gesellschaft Wien/Saarbrücken.) Der schmale Band gibt einen Überblick über Entwicklung und Stand der Musil-Forschung. Für den *Törleß* ist die Symbiose von Sexualität und Herrschaft betont, außerdem die Sprachlosigkeit des Protagonisten und das daraus erwachsende erzähltechnische Problem.

GUNTHER MARTENS: *Die Entfesselung der gezähmten Begriffe. Zur Rekonstruktion einer poetologisch-erkenntnisstrategischen Konstante in Musils Werk.* In: Musil-Forum 25/26, Saarbrücken/Wien 2001; zitiert als: Martens

Untersuchung von Spezialaspekten im Periodikum der Musil-Gesellschaft.

ROBERT MINDER: *Kadettenhaus, Gruppendynamik und Stilwandel von Wildenbruch bis Rilke und Musil.* In: Robert Minder: Kultur und Literatur in Deutschland und Frankreich, Suhrkamp Verlag, Frankfurt a. M. 1977; zitiert als Minder

Trotz seines Alters ein noch immer lesenswerter, berühmt gewordener Beitrag zum soziopolitischen Gehalt des *Törleß.*

KAI NEUBAUER: *Die Leiblichkeit des Gesprächs – Zum Zusammenhang von Sinnlichkeit und Sprachkrise bei Robert Musil.* In: Musil-Forum 25/26, Saarbrücken/Wien 2001, S. 101–150

HANS-GEORG POTT: *Robert Musil* (darin: Das Trauma des Leibes und der Rede im *Törleß*, S. 11–25). UTB 1287, Wilhelm Fink Verlag München 1984; zitiert als: Pott

Grundlegende Untersuchung zur sexuellen Entwicklung im autoritären System.

MARIE-LOUISE ROTH: *Robert Musil. Ethik und Ästhetik*, Paul List Verlag, München 1972; zitiert als: Roth

Umfangreiche Gesamtwürdigung Musils mit Schwerpunkt auf dem MoE. Betonung des mystischen Aspekts in Musils Werk.

RENATE SCHRÖDER-WERLE: *Robert Musil, Die Verwirrungen des Zöglings Törleß.* Erläuterungen und Dokumente (Heft 16 019, Reclam Verlag), Ditzingen 2001; zitiert als: Erläuterungen

Besonders hilfreich für den Schulgebrauch in Auswahl und Zusammenstellung der Dokumente.

Anmerkungen

1 Beide Erzählungen sind enthalten im *Nachlass zu Lebzeiten.*
2 Die Erzählung ist ebenfalls Teil der Sammlung *Nachlass zu Lebzeiten.*
3 So äußerte sich etwa der Expressionist Ernst Blaß, der sich selbst als Schüler des Kritikers Alfred Kerr verstand (vgl. Co. Bildband, S. 178).
4 Vgl. zum Verhältnis von Romanvorlage und Verfilmung: Erläuterungen, S. 107–110
5 zitiert ist ein Artikel Musils für die Prager Zeitung vom 21. 6. 1923, der nicht in die Werkausgabe aufgenommen ist.
6 Die Rezeptiongeschichte wird von Renate Schröder-Werle ausführlich dargestellt in dem Erläuterungen-Band von Reclam.

Ihre Meinung ist uns wichtig!

Ihre Anregungen sind uns immer willkommen. Bitte informieren Sie uns mit diesem Schein über Ihre Verbesserungsvorschläge!

Titel-Nr.	Seite	Vorschlag

Bitte hier abtrennen

Die echten Hilfen zum Lernen ... **STARK**

Bitte hier abtrennen

Zutreffendes bitte ankreuzen! Die Absenderin/der Absender ist:

- ☐ Lehrer/in in den Klassenstufen: ______
- ☐ Fachbetreuer/in
  Fächer: ______
- ☐ Seminarlehrer/in
  Fächer: ______
- ☐ Regierungsfachberater/in
  Fächer: ______
- ☐ Oberstufenbetreuer/in
- ☐ Schulleiter/in
- ☐ Referendar/in, Termin 2. Staatsexamen: ______
- ☐ Leiter/in Lehrerbibliothek
- ☐ Leiter/in Schülerbibliothek
- ☐ Sekretariat
- ☐ Eltern
- ☐ Schüler/in, Klasse: ______
- ☐ Sonstiges: ______

Kennen Sie Ihre Kundennummer?
Bitte hier eintragen.

Absender (Bitte in Druckbuchstaben!)

Name/Vorname

Straße/Nr.

PLZ/Ort

Telefon privat **Geburtsjahr**

E-Mail

Schule/Schulstempel (Bitte immer angeben!)

Unterrichtsfächer: (Bei Lehrkräften!)

STARK Verlag
Postfach 1852
85318 Freising

17-V1P

Bitte ausfüllen und im frankierten Umschlag
an uns einsenden. Für Fensterkuverts geeignet.

STARK Interpretationshilfen und Trainingsbände für die Oberstufe

Deutsche Interpretationen

Brecht: *Der aufhaltsame Aufstieg des Arturo Ui* .... Best.-Nr. 2400281
Brecht: *Der kaukasische Kreidekreis* .. Best.-Nr. 2400171
Brecht: *Leben des Galilei* .... Best.-Nr. 2400011
Brecht: *Mutter Courage und ihre Kinder* .... Best.-Nr. 2400521
Brussig: *Am kürzeren Ende der Sonnenallee* .. Best.-Nr. 2400201
Büchner: *Dantons Tod* .... Best.-Nr. 2400121
Büchner: *Der Hessische Landbote* ...... Best.-Nr. 2400461
Büchner: *Lenz* .... Best.-Nr. 2400431
Büchner: *Leonce und Lena* .... Best.-Nr. 2400261
Büchner: *Woyzeck* .... Best.-Nr. 2400041
Dürrenmatt: *Der Besuch der alten Dame* .... Best.-Nr. 2400341
Dürrenmatt: *Der Verdacht* .... Best.-Nr. 2400571
Eichendorff: *Aus dem Leben eines Taugenichts* ...... Best.-Nr. 2400071
Eichendorff: *Das Marmorbild* .... Best.-Nr. 2400081
Fontane: *Effi Briest* .... Best.-Nr. 2400371
Fontane: *Irrungen, Wirrungen* .... Best.-Nr. 2400401
Frisch: *Biedermann und die Brandstifter* ...... Best.-Nr. 2400531
Frisch: *Homo faber* .... Best.-Nr. 2400031
Goethe: *Faust I* .... Best.-Nr. 2400511
Goethe: *Gedichte (1771–1783)* .... Best.-Nr. 2400181
Goethe: *Die Leiden des jungen Werther* .... Best.-Nr. 2400051
Hauptmann: *Die Ratten* .... Best.-Nr. 2400411
Hein: *Der fremde Freund/Drachenblut* ...... Best.-Nr. 2400061
E.T.A. Hoffmann: *Der Sandmann* ...... Best.-Nr. 2400351
Kafka: *Der Proceß* .... Best.-Nr. 2400481
Kafka: *Die Verwandlung/Das Urteil* .. Best.-Nr. 2400141
Keller: *Romeo und Julia auf dem Dorfe* .... Best.-Nr. 2400321
Kerner: *Blueprint. Blaupause* .... Best.-Nr. 2400391
Kleist: *Der zerbrochne Krug* .... Best.-Nr. 2400541
Kleist: *Michael Kohlhaas* .... Best.-Nr. 2400111
Lessing: *Emilia Galotti* .... Best.-Nr. 2400191
Lessing: *Nathan der Weise* .... Best.-Nr. 2400501
Th. Mann: *Der Tod in Venedig* .... Best.-Nr. 2400291
Th. Mann: *Tonio Kröger/ Mario und der Zauberer* .... Best.-Nr. 2400151
Musil: *Die Verwirrungen der Zöglings Törleß* .... Best.-Nr. 2400561
Nooteboom: *Die folgende Geschichte* Best.-Nr. 2400251
Schiller: *Don Carlos* .... Best.-Nr. 2400161
Schiller: *Kabale und Liebe* .... Best.-Nr. 2400231
Schiller: *Die Räuber* .... Best.-Nr. 2400421
Schiller: *Maria Stuart* .... Best.-Nr. 2400271
Schlink: *Der Vorleser* .... Best.-Nr. 2400101

Schneider: *Schlafes Bruder* .... Best.-Nr. 2400021
Schnitzler: *Traumnovelle* .... Best.-Nr. 2400311
Sophokles: *Antigone* .... Best.-Nr. 2400221
Storm: *Der Schimmelreiter* .... Best.-Nr. 2400381
Süskind: *Das Parfum* .... Best.-Nr. 2400091
Timm: *Die Entdeckung der Currywurst* .... Best.-Nr. 2400301
Vanderbeke: *Das Muschelessen* .... Best.-Nr. 2400331
Wedekind: *Frühlings Erwachen* .... Best.-Nr. 2400491
Zweig: *Schachnovelle* .... Best.-Nr. 2400441

Deutsch Interpretationshilfen 1
Von der Klassik bis zum Naturalismus.
■ .... Best.-Nr. 94407

Deutsch Interpretationshilfen 2
Vom Expressionismus bis zur Literatur der DDR.
■ .... Best.-Nr. 94408

Deutsch Training

Training Methoden Deutsch .... Best.-Nr. 944062
Dramen analysieren u. interpretieren Best.-Nr. 944092
Erörtern und Sachtexte analysieren .. Best.-Nr. 944094
Gedichte analysieren und interpretieren .... Best.-Nr. 944091
Epische Texte analysieren und interpretieren .... Best.-Nr. 944093
Übertritt in die Oberstufe .... Best.-Nr. 90409
Abitur-Wissen Erörtern und Sachtexte analysieren .. Best.-Nr. 944064
Abitur-Wissen Textinterpretation .... Best.-Nr. 944061
Abitur-Wissen Deutsche Literaturgeschichte .... Best.-Nr. 94405
Abitur-Wissen Prüfungswissen Oberstufe .... Best.-Nr. 94400
Kompakt-Wissen Rechtschreibung ...... Best.-Nr. 944065
Lexikon Autoren und Werke .... Best.-Nr. 944081

(Bitte blättern Sie um)